汉语词汇学简论

周荐 刘静静 曾柱 著

商务印书馆国际有限公司
中国·北京

图书在版编目（CIP）数据

汉语词汇学简论 / 周荐，刘静静，曾柱著．—北京：商务印书馆国际有限公司，2023.11

ISBN 978-7-5176-1029-8

Ⅰ．①汉… Ⅱ．①周… ②刘… ③曾… Ⅲ．①现代汉语—词汇学 Ⅳ．① H136

中国国家版本馆 CIP 数据核字（2023）第 198425 号

HANYU CIHUIXUE JIANLUN

汉语词汇学简论

著　　者　周　荐　刘静静　曾　柱
出版发行　商务印书馆国际有限公司
地　　址　北京市朝阳区吉庆里 14 号楼
　　　　　佳汇国际中心 A 座 12 层
邮　　编　100020
电　　话　010-65592876（编校部）
　　　　　010-65598498（市场营销部）
网　　址　www.cpi1993.com
印　　刷　北京中科印刷有限公司
开　　本　710mm × 1000mm　1/16
字　　数　182 千字
印　　张　14
版　　次　2023 年 11 月第 1 版第 1 次印刷
书　　号　ISBN 978-7-5176-1029-8
定　　价　48.00 元

前　言

中国在战国末年就有为解决训诂问题而按照词义纂成的系统的语词分类工具书《尔雅》。此书已具词典雏形，是中国后世大量“雅学”著作的第一部，具有毋庸置疑的开拓性；从世界范围看,《尔雅》对词义的研究也是较早的，具有无可争议的开创性。到汉代，扬雄《方言》、刘熙《释名》、服虔《通俗文》、许慎《说文解字》，更如雨后春笋般涌现出来，将汉语字词的分析、词语的辑录，从不同的角度推向一个高峰。汉语这种字词意义的研究，多为解读经书服务，一般将其归属于训诂的范畴，后世受其影响而产生的词义研究也难免有训诂的痕迹，不脱旧有的窠臼。或因战乱之故，从三国至隋代，学界对汉语字词的研究沉寂了数百年。但从唐代开始，学者们又重新开始关注字词，迄清末再未止歇，其间高潮迭起；研究的视点由庙堂向下转移，学者的目光投向民间鲜活的语料，开始聚焦于市井间流布的俚俗词语。尽管有大量的学人投身于此，亦有不菲的著述问世，但从理论上对汉语词汇研究问题进行归纳、总结，并加以提升的人，很少。这一点，可从汉语词汇学系列术语诞生的历史约略看出：汉语语言研究史上最早出现的一个术语，大概就是“谚”（也称“语”“俚谚”“俚语”“鄙谚”“鄙语”等，近现代以来定为“谚语”），而对其进行理论研究却开展得很晚；成语这类熟语的创制和使用从先秦即已开始，但“成语”这个词却是清末才逐渐产生出术语义的；“词”“词汇”“词汇学”，更是二十世纪才产生或才变身为汉语词汇学的术语的。对汉语词汇进行较为系统的理论探讨，或始于十九世纪七八十年代西方来华人士对熟语的研究，那就是1875年问世的斯卡勃鲁斯《谚语丛话》和

1888年问世的明恩溥《汉语谚语熟语集》;“歇后语”作为术语首次被收录进语言学的著作，就是《汉语谚语熟语集》。与汉民族重朴学、讲实干的传统和民族性不同，以传教士为主体的西方来华人士，从其母国拿来现代语言学理论对汉语进行研究。但是，西方人士用来分析汉语的理论，多系句法的理论；西方的句法理论，先为汉语语法研究所引进，嗣后再由语法学移入汉语词汇的研究，而成为汉语词汇学的某个理论。这一点在word-formation变身为汉语的“构词法”时，尤有张冠李戴之嫌，问题多多。汉语词汇学引起我国学者的关注，是在二十世纪头一二十年，黎锦熙、薛祥绥等一些学者就汉语构词方法等一系列词汇问题发表了重要的意见。而汉语词汇之真正有“学”，之成其为“学”，大概要从五十年代后期孙常叙《汉语词汇》、周祖谟《汉语词汇讲话》的问世算起，这些著作展示了汉语词汇宏大的体系，展现了词汇研究辉煌的前景。一方面，学术前辈奠基性、开拓性的工作，筚路蓝缕，厥功甚伟；另一方面，传统的小学和舶来的西学对研究各种各样的影响，致汉语词汇学在近百年的发展中回环复沓，徘徊不前，亟需创新而走出一条新路。为厘清汉语词汇学理论的诸多问题，为构建立足于汉语实际的词汇学理论，我们2021年承担了国家社会科学基金重大项目“中西交流背景下汉语词汇学的构建与理论创新研究”（项目号：Z1&ZD310）。

摆在读者面前的是我们尝试从理论上对汉语词汇学进行梳理的一本小书。篇幅所限，我们不能长篇大论地探讨汉语词汇学所有的重大理论问题，只是试着厘清纠结学界多年的一些关键问题，也给汉语词汇学的最基本的术语以较为准确的界定。本书的读者对象是中文专业及相关专业师生，以及语文工作者。小书所谈的一些观点，还很不成熟，我们不揣谫陋奉献出来，深盼得到批评，以使我们的后续研究能在正确的轨道上前行。

作者

目　　录

第一章　词和词汇……………………………………………… **1**

第一节　什么是词 ……………………………………………… 1

第二节　词汇应该包括哪些成员 ………………………………… 11

第二章　词义与词义类聚………………………………………… **35**

第一节　什么是词义 ……………………………………………… 35

第二节　各式各样的词义 ………………………………………… 53

第三节　各种类型的词义聚合 …………………………………… 69

第四节　词义的衍生和变化 ……………………………………… 78

第三章　词形与词长……………………………………………… **85**

第一节　词究竟应该是什么样子? ………………………………… 85

第二节　心理词长与词典词长 …………………………………… 93

第四章　造词与构词……………………………………………… **108**

第一节　造词材料与构词成分 …………………………………… 109

第二节　造词法与构词法 ………………………………………… 118

第三节　词法结构与句法结构的异同 …………………………… 135

第五章　词汇化与词语的衍生…………………………………… **141**

第一节　词汇化与词语发展 ……………………………………… 141

第二节 词汇的共时面貌与历时变迁 …………………………… 148

第六章 决定一种语言词汇基本面貌的诸多因素…………………… 160

第一节 词汇的基本性质 …………………………………… 160
第二节 词汇的非基本面貌 ………………………………… 163
第三节 词语雅俗、古今、方普、中外等的对照 ……………… 179

第七章 词汇规范与词典……………………………………………… 188

第一节 共同语词汇与非共同语词汇的互动 ………………… 188
第二节 规范型语文词典与词语的规范使用 ………………… 196

主要参考文献………………………………………………………… 209

第一章　词和词汇

第一节　什么是词

对词的研究由来已久，但要回答什么是词的问题，并非易事。原因在于，它不仅是词本身的问题，而且还牵涉到与词相近的其他一些单位的认定；不仅仅是对词在今天的身份的判定，而且还与词的历史问题相互缠绕，难解难分。

一、西方学术界对英语“词”的界定

（1）Longman Modern English Dictionary（LMED）对词的界定：

> A word is a speech sound or combination of sounds having meaning and used as a basic unit of language and human communication.

这一定义有两方面的问题。第一，一个词可以是“combination of sounds”（声音组合），这个界定过于模糊。因为在正常的语流中，一串语音的结合体并不一定就是一个词，而可能是一个短语，如 instead of 和 in place of 等。第二，词是“a basic unit”（一个基本单位）这一界定也有失粗疏。在语言中，一个词素（morpheme）也是语言中的一个基本单位，只是不能单独使用而已，如 imperialism 一词中的 -ism 就是一个词素，从当代语言学的角度来看，这也是语言中的一个基本单位。

（2）Oxford Advanced Learner’s Dictionary of Current English（OALDCE）对词的界定：

A word is a sound or combination of sounds forming a unit of the grammar or vocabulary of a language.

这一定义也有问题，其认为词是“forming a unit of the grammar”（构成语法的一个单位）是不恰当的。例如，在英语中，如果句子中的主语是第三人称单数，属于现在时的动词便需要加 -s，如“He drives every day”，drives 中的 -s 显然是一个语法单位，可它不是一个词。又如，英语形容词或副词的比较级或最高级的语言表现形式分别是 -er 和 -est，这些形式也是语法单位，但却不是词。

（3）Longman Dictionary of Contemporary English（LDCE）对词的界定[①]：

A word is one or more sounds which can be spoken（together）to represent an idea，object，action，etc.

这一界定的缺陷同样是用“one or more sounds”（一个或多个声音）来对词进行定义。如上所述，一个语音形式可以是一个词，但几个语音形式结合在一起不一定就是一个词。况且，一个语音形式可能是一个词，也可能是一个词素，如不定冠词 a 单独使用时是一个不定冠词，但是当出现于 atom 这一词中时，它是一个前缀，是一个词素，表示“否”（not）之意，-tom 的意思是“切割”（cutting），所以 atom 的整词意思是“不可分割的”（indivisible）。此外，一个词不一定仅用于口语，也会用于书面表达中。

（4）The American Heritage Dictionary of the English Language（AHD）对词的界定：

A word is a sound or a combination of sounds，or its representation in writing or printing，that symbolizes and communicates a meaning and may consist of a single morpheme or of a combination of

---

① 朗文在线词典对词的最新定义是“A single group of letters that are used together with a particular meaning”。

morphemes.

这一界定的长处是考虑到词不仅用于口语表达，而且还表现于书写和印刷。但是，仅从定义中人们无法明确地知道词与词素之间的区别，因为一个词素同样可以是“a sound or a combination of sounds”（一个声音或一个声音组合），例如，rainy 中的后缀 -y 是一个语音形式，但它不是一个词，而是一个词素。又如，unhappy 中的前缀 un- 是两个语音形式的结合体，可它也不是一个词，而是一个词素。

（5）Collins COBUILD English Language Dictionary 对词的界定：

> A word is a single unit of language that can be represented in writing or speech.

这一界定非常简洁，指出词不仅用于书写，也用于口头表达，但是，如果说“词是一个单独使用的语言单位”，那么我们该怎样划定这一语言单位？一个句子也可以说是一个语言单位，可以在书面表达和口头表达中单独使用；一个短语也是一个语言单位，也可以单独使用。

（6）布龙菲尔德（Bloomfield，1933：178）对词的界定[①]：

> A word is the minimal free form，the smallest form that may occur in isolation.

这一界定指出词是最小的并可以自由运用的语言单位——因为一个词素虽然是不可进一步分割的、最小的并具有意义的语言单位，但不能单独使用，而一个词是能够自由运用的最小语言单位。但是，这一界定似未考虑语义方面，无法解释英语中的某些习语问题。例如：

---

① 布龙菲尔德此前在《语言科学的公设》（1926）一文中，给出了两个定义，实际上已经给出了一个提取词的方法：

> 定义 10：能够作话语的形式是自由的。不自由的形式是黏着的。(A form which may be an utterance is free. A form which is not free is bound.)
>
> 定义 11：最小的自由形式是词。(A minimum free form is a word.)

学界将布龙菲尔德这种提取词的方法称为“单说论”。直到 20 世纪 30 年代，最有影响的有关词的形式化定义是布龙菲尔德的单说论。布龙菲尔德把词定义成“最小的自由形式”，他所理解的自由形式的特点是能单独成句。

It’s raining cats and dogs.

He kicked the bucket.

习语 cats and dogs 从表面看起来，好像是由三个词组成，可它们如果拆开来使用就不能表示这一习语所具备的意思，即“雨势大”（heavily）。显然，从语义角度看，这一习语表达了一个完整的意思，并能像一个词一样作为一个整体，可以单独使用。习语 kick the bucket 的意思是“死去”（die），表面上的三个词构成一个完整的语义，以一个词的功能发挥其作用。①

可见，我们学习语言，使用语言，每天都要接触各种各样的词，似乎人人都知道词为何物，但要对词做出一个明确和令人满意的界定并非一件易事。许多语言学者都曾试图对词做出定义，但多多少少都存有一定的例外和局限性（参看王文斌，2001：1–5）。因此，有的语言学者认为很难给词下一个普遍的定义，如瑞士语言学者索绪尔（Saussure，1980：36）认为：“对词下任何定义都是徒劳的，从词出发给事物下定义是一个要不得的办法。”我国学者陆志韦（1956：5）也认为给词下一个普遍的定义是不可能的，所以他只好说：“凡是拼音的时候必得联系起来写的一堆字母就是一个词。……这是唯一可能的定义。”吕叔湘（1999：359）也指出：“给‘词’下定义，对于任何语言都不是很容易的事，对于汉语尤其如此。”

二、我国学者对汉语“词”的界定

什么是汉语的词，如果从古人的立场上看，或许根本不是一个问题。因为古人所说的字——无论是嘴里说的还是书上写的那一个个的

① 这种定义可以涵盖大量的实词，但也会漏掉不少词，如汉语“金表”词中的“金”，不能单说，但很难说它不是词。“单说论”无法提取汉语中类似“金”这样的词。

字，在汉语史上很长的一段时期内，就相当于今日的词。但是汉语如今已变成了现代汉语，和古代汉语[①]不一样了。这个变化，不光是句子的状貌古今不一了，作为语言的基本建筑材料单位的词也与古人所用的不同了——今人眼里能单说独用的字虽然仍可称为词，但从量上看似乎不能再算作典型的词；典型的词则是一些由字与字相互组合而成的以及由单字与字串或由字串与字串相互组合而成的合成性的单位。现代语言学自20世纪产生以来，带来了好多新名词儿，“语素”“词”等术语即在其中。关于现代汉语“词”的界定，各家在一定时期内曾有过分歧，甚至同一学者在不同时期的认识也有变化。例如：

（1）吕叔湘（1942：10）对词的界定：

词是最小的表现单位。

（2）王力（1946：21）对词的界定：

一个词，就是一个简单的意义单位。

（3）吕叔湘、朱德熙（1952：8）对词的界定：

词是意义的单位。

（4）张志公（1953：2）对词的界定：

代表一个概念的，或者具有一种语法作用的一组声音，就是一个词。

（5）吕叔湘（1953：2）对词的界定：

词是语言的最小的独立运用的单位。

（6）王力（1955：18）对词的界定：

我们可以暂时把词认为：语言中的最小意义单位。

（7）孙常叙（1956：2）对词的界定：

词是一个形式和内容统一起来的语言最小单位。

（8）黎锦熙、刘世儒（1957：8）对词的界定：

词，就是说话的时候表示思想中一个观念的语词。

① 在中国传统语言学研究中，词特指虚字（词）。

（9）高名凯（1957：24）对词的界定：

词是语言建筑材料的单位，它表达一个概念，而且有一个语音的形式。

（10）周祖谟（1959：1）对词的界定：

词在语言中是具有一定意义的语音形式，它是最小的能够独立运用的语言单位。

（11）高名凯、石安石（1963：105）对词的界定：

词是一种语言建筑材料的单位，也就是造句的时候能够自由运用的最小单位。

（12）陆志韦等（1964：1）对词的界定：

分析语言片段而发现其中有“能自由活动的最小单元”，那才是词。

（13）胡裕树（1981：232）对词的界定：

词是代表一定的意义，具有固定的语音形式，可以独立运用的最小的结构单位。

（14）朱德熙（1982：11）对词的界定：

我们把词定义为：最小的能够独立活动的有意义的语言成分。

（15）张永言（1982：20）对词的界定：

词不仅是词汇的基本单位，而且是作为整体的语言的基本单位。因为一方面词已经包含着语言的一般的本质特征，这就是说，它同时具备外部的声音方面和内部的意义方面；另一方面词不是言语里临时创造的东西，而是语言里现成的东西，在言语里只不过是再现出来而已。

（16）符淮青（1985：1）对词的界定：

我们把词看作是语言中有意义的能单说或用来造句的最小单位，它一般具有固定的语音形式。

（17）刘叔新（1990：21）对词的界定：

词是一个完整而表意清晰的最小语言符号。

（18）黄伯荣、廖序东（1991：5）对词的界定：

词是最小的能够独立运用的语言单位。

造成以上分歧和变化的原因，一方面与人们对词在语言中的地位和作用暂无统一的认识有关，另一方面也因观察和研究词的角度不同——学者们有的是从语法的角度来认识词，有的则侧重从意义方面来考虑；有的单纯从词汇方面来研究词，也有的除注意词汇方面外，还兼顾语法方面。

近几十年来，随着对词汇研究的不断深入，各家对词的看法在许多方面逐步趋向一致[①]，很多有影响的著作以及在高校流通的诸多现代汉语教材也多采用了和布龙菲尔德（1933：178）在内容实质上相同的定义，从语言形式和意义（含语法意义）内容相结合的方面去加以阐释，以体现语言符号的基本原理。主要表现在：第一，词是语音和语义的结合体；第二，词是可以独立运用的造句 / 语言单位；第三，词是最小的语言使用单位。也就是说，任何一个词都包含语音和意义两个方面。同一个词一般都有固定的音节，各音节有固定的声韵调，内部结合紧密，不允许有停顿。按音节的多少可分为单音节词、双音节词和多音节词，根据意义可分为实词和虚词。例如："书"这个词，它的语音形式是 shū，意思是"装订成册的著作"；"昨天"这个词，它的语音形式是 zuó tiān，意思是"今天的前一天"；"从"这个词，它的语音形式是 cóng，意思是"用在表示时间、处所的词语的前面，表示

① 例如，陆俭明（2003：19）对词的界定是，词是"最小的能独立运用的音义结合体"，王希杰（2018：43）对词的界定是"词（word）是语言中最小的能够独立运用的音义结合体"，施春宏（2018：116）对词的界定是"词是最小的能够独立运用的语言单位，是词汇中的主要成员"等。

'拿……做起点'"。词具有一定的语法功能，能单说（单独成句）或单用（单独作句子成分或单独起语法作用）。例如，在回答"他跳得高不高？"这个问题时，可以只说："高。"这里的"高"在对话时能够单说，即能单独回答问题，它就是一个词。又如，"他又去学校了"这个句子里，"他、去、学校"都能够单说，可以单独作句子成分，剩下的"又"能单独作句子成分，"了"表示语气，能单独起语法作用，也是词。再如，"长江和黄河都很长，可是亚马孙河呀，比这两条河还长"这句话中的"和、都、很、可是、比、条、还"虽然不能单说，但是能单用，也是词（引自施春宏，2018：117）。"单说"和"单用"把词和语素区别开来，但是能独立运用的不一定是词，也可能是短语，所以"词是最小的造句单位，不能拆分为更小的单位去使用"可以将词和短语区分开来[①]。

不过，如前面所说，因为成语（习语）等单位也能独立运用，也能单说单用，且不能拆开使用，所以词的定义还可以加上一句：它是从一个更大的组合中拆下[②]，而仍可独立运用、仍能单说独用的单位。理论上讲，有一定语音形式，因循一定语言规律组织起来的单位，都可以是词。但由于历史和实际操作等原因，还需要有对词长的限定，我们将在本书第三章介绍。

三、它们是不是"词"？

"词"有理论上的研究，也有实践上的辨认问题：语素、词、短

① 如不能说"老的师"，因为"老师"是一个词。

② 类似美国语言学者萨丕尔（Sapir）给词的定义："词是从句子分解成的、具有孤立意义的、最小的叫人完全满意的片断。"（萨丕尔，陆卓元译，1964：21）邓盾将"词"处理为句子生成过程中所产生的单位，而不是用来生成句子的起点单位，并将"词"重新界定为"在以语素为起点生成句子的过程中产生的，具有句法完整性的最小语言片段"（邓盾，2020）。

语（又称词组）都是音义结合体，应如何区分？首先，语素小于词，是造词单位，区分语素和词相对容易。例如，“人”和“民”是两个语素，合在一起为“人民”，是一个词；拆开来，“人”既是语素也是词，“民”只是语素而不是词，因为我们可以说“人来了”，但“民”不能独立运用。但是，在“民以食为天、民不聊生、民心所向、爱民模范”中，“民”又像个词了，这是因为古代汉语以单音节词为主，现代汉语的非成词语素是从古代汉语的成词语素发展演变而来的，而发展演变需要一个过程。又如，“楼、春、旗、云、虎、房”等在现代汉语口语中一般不能单说，但它们在使用中有时能用作句子成分，能单用，如“山上有虎”中的“虎”、“我要买房”中的“房”、“盖小洋楼”中的“楼”、“一年之计在于春”中的“春”、“门口有一面旗”中的“旗”和“天上飘着一朵云”中的“云”等，都在句中充当宾语，所以是词。[①]

如此看来，语素和词的区分并不那么容易，而词和短语的区分则更为复杂。例如，为什么“白字”是词，“白纸”不是词？这是因为成词语素既可以作为语素来组词，也可以独立成词跟别的成分组合成短语，这类由成词语素组成的复合词和短语的区分问题就显得比较困难。这个问题 20 世纪 50 年代就引起了人们的注意[②]。为确定词与非词的界限，陆志韦（1956：14）提出判断语言成分是不是词，要用“同

① 像这类单位，单用的时候是词，不单用的时候是语素。这类情况的出现主要是因为汉语的词、语素与汉字之间存在着复杂的对应和不对应的关系。有的汉字有意义，又能独立运用，这样的汉字既是语素又是词，如“提、高、人、天、不、很、吗”；有的汉字有意义，但是不能独立使用，只能作为构词的成分，这样的汉字只是语素不是词，如“习、司、语”只是语素，“学习、司机、语言”才是词；有的汉字没有意义，既不是词，也不是语素，只表示一个音节，如“玻、琵、葡、忐”等，这些有音无义的汉字要和其他汉字一起组合成“玻璃、琵琶、葡萄、忐忑”，才能成为语素或词。

② 王力先生曾运用插入法和转换法来区别词和短语。例如：“白手套”可以说成“白的手套”，是短语；“白菜”不能说成“白的菜”，是词。又如：“白手”可以说成“手是白的”，是短语；“白菜”不能说成“菜是白的”，是词。

形替代”[①]的原则来分析，分析到不能再分析了，所得到的语音符号叫作词。他认为“词是同形替代的法子的最后产品”。后来，在同形替代法的基础上引入结构关系这个条件，陆志韦（1964：7–8）又提出用“扩展法”[②]来加以区分，认为不能被扩展的是词，可以加入其他成分扩展的就不是词。例如：“白纸”可以扩展为“白的纸”，这个扩展形式是存在的，而且意义同扩展前一致，所以是短语；而“白字”扩展后成为“白的字”，这一语言单位是不可以接受的，所以“白字”是词。这也就意味着汉字“白”在“白纸”中是以词的身份出现的，在“白字”中则是以语素的身份出现的。但是，扩展法不是万能的。某个单位能不能扩展，不仅要受语法因素的制约，还要受语言习惯、音节结构以及修辞因素等的制约。例如，“羊肉”“牛奶”“鸡蛋”“羊毛”“鹅蛋”“鱼肉”这类由成词语素组成的复合词，即便可以扩展，但根据词在理论上的定义、人们的语言习惯和词语的使用频率等因素，目前我们还是倾向于将这些单位都视作词的。这是因为：第一，它们在结构形式上具备词的特点，在语音、意义、语言功能上也具备相对的固定性；第二，“羊肉”类词在句子中不能用“羊的肉”来代替，根据习惯应该承认“羊肉”在语言运用中的定型性，从而确认为词；第三，在现代语言研究中，上述单位在实际运用中出现的频率比较高，也说明它们具有一定的定型性。因此，应该承认它们词的身份（葛本仪、王

① 替换法 (substitution 或 replacement)，是指用一个语言成分来替代某个语言片段中的另一个语言成分；如果替代后该语言片段能够成立，就证明这两个成分属于同一个替换类 (substitution class), 它们都能占据同一个位置，具有某种相同的功能。同形的条件是：“互相替代的成分不单要属于同一个词类，并且意义要相仿佛。从形式和意义两方面说，它们在整个格式里占有同等的地位，那样的整个格式才叫同形的。”（陆志韦，1956：15）

② 扩展法的基本思想是，如果 AB 之间能插入 C，形成 ACB，并且 AB 和 ACB 的结构基本相同，AB 就是短语或结构。广义地说，扩展法是同形替代法的一种，不过方法上有一些大的转变，即结构关系的引入。

立廷，1992）。

那么，像“吃饱、改善、打倒”和“洗澡、洗手”这些单位是不是词呢？学界的一般认识是“吃饱、改善、打倒”都是动补结构，但是“吃饱”是短语，“改善”和“打倒”是词；“洗澡”和“洗手”都是动宾结构，但是“洗手”是短语，“洗澡”是离合词。这些看起来形式一样的单位，由于其组合成分的特点不同、意义的组合方式不同，其性质的界定显得非常复杂。凡此，都给现代汉语词的确定带来了困难和麻烦。①

第二节 词汇应该包括哪些成员

词是词汇的基本单位，是构成词汇的主要成员，但不是唯一的成员。关于词汇单位问题，学界曾主要有三种意见。第一种意见认为，词是唯一的词汇单位，如孙常叙（1956：161）指出“每种语言所蕴蓄的词的总汇叫作‘词汇’”。第二种意见认为，词和词的固定组合同为词汇单位，如刘叔新（1990：19）指出“现代汉语的词汇单位，仅仅有两类，就是词和词的固定组合体”。第三种意见认为，语素、词、词的固定组合都是词汇单位，如陈庆祜、周国光（1987）曾说“我们把语素、词、熟语合起来统称为词语……词语依据自身所具有的各种特点（形式的、意义的、功能的、结构的）相互联系起来，构成一个整体，这个整体就是词汇，亦即语言符号实体系统”②。对词汇单位的讨

① 词可以从不同的角度进行考察。如，词汇的“词”和语法的“词”、修辞的“词”、韵律的“词”等既有联系又有区别，无论是其内部还是相互之间，都是运动变化着的。这种变化既有量变，也有质变。我们要正确认识这种变化，这对于正确认识语言的发展规律、语言的教学和研究以及词典的编纂都有意义。

② 王勤、武占坤的《现代汉语词汇概要》（1983）是最早明确提出把语素（该书称为“词素”）也看成词汇的组成成分的著作。

论，事实上涉及词汇的内容、性质以及词汇在语言中的地位和作用等一系列根本问题。我们认为，词汇单位应包括语素、词和词的固定组合体三类。下面我们逐一展开讲述。

一、语素[①]

词作为词汇的主要成员，有其自己的构成材料，就是语素。“语素”是英语 morpheme 的汉译，初译为“词素”，后改译“语素”，是语言中最小的音义结合体。例如“山”，其语音形式是 shān，意义是“地面上由土、石形成的高耸的部分”，而且它的内部不能再分了，所以是一个语素（同时也是一个词）；而“山坡”，其语音形式是 shān pō，意义是“山顶与平地之间的倾斜面”，它的语音形式由两个音节构成，意义也由“山”和“坡”两部分构成，因此它不是一个语素，而是由“山”和“坡”两个音义结合体构成的词，即“山坡”包含两个语素[②]。

---

① 也有学者认为把语素列为词汇单位是不妥当的，至少过于笼统，没有分清语素内部的不同情况，如刘叔新（1990：18）。他认为作为单纯词出现的一部分语素（如“蝙蝠、蜈蚣”）是词汇的构成单位，只充作词的构成成分的一部分语素（如“鲤～、鱿～、韭～”）不能取得词汇构成单位的资格。

② 参看施春宏（2018：119）。其实，“词素”也好，“语素”也罢，它们最初是汉语语法学者创造的，在很长一段时间里也主要用于汉语语法的教学和研究，只是当汉语词汇学诞生后，它才在汉语词汇教学和研究中使用开来。一个有意思的现象是，当“词素”这个术语被造出后，“字”似乎就不大被用于语法的分析之中；当“语素”这个术语被造出后，“词素”这个术语也不大再被用于语法的分析中；而当“词素”“语素”的术语出现后，不少人又提出“字”是文字学的术语，属于语文学的概念，于是“字”便被从语言学的术语序列中摒除出去，不再用于汉语词汇学的研究。在对汉语的词语进行分析时，有意义的单字成分被称作“语素”，其中能独立自由地使用的单字成分又被单独称作“词”；没有意义的单字成分被称作“音节”。这样的术语分布是否妥帖，值得研究。

语素可以从不同的角度进行分类。根据所包含的音节数量的多少，语素可以分为单音节语素（如“水、好、的、学”）、双音节语素（如“琵琶、琉璃、忐忑、幽默”）和多音节语素（如“巧克力、冬奥会、澳大利亚”）[①]。根据一个语素在词中所起作用的差异，语素可以分为意义比较实在的词根语素（如“考试、老师”中的“考、试、师”）和表附加性词汇意义的词缀语素（如“老鼠、石头”中的“老、头”）。根据一个语素成词、组词能力，语素可以分为成词语素和不成词语素，前者是能独立成为一个词的语素（如“书、美、水”），后者是不能独立成为词的语素，必须跟其他语素组合才能构成词（如“民、伟、语”）。根据在所构词中的位置，语素可以分为定位语素和不定位语素。前者或在前（如“阿姨”中的“阿”），或在后（如“杯子”的“子”），或居中（如“傻里傻气”的“里”），位置总是固定的；后者则在与别的语素组合成词的时候位置不固定（如“伟、习”，既可以组合成“伟大、习惯”，又可以组成“宏伟、练习”）。根据能否单说单用，语素可以分为自由语素和黏着语素。前者是能单独成词，也可在一定条件下加上语调单独成句的语素（如“我、走、书”）；后者是不能单独成词，或者虽然能单独成词，但是不能单说的语素（如“很、最、了”）。

语素在很多情况下是从上述角度，尤其是运用的角度来论的，其实语素还可以从能否理解的角度来论。例如“企鹅”的“企”，现如今说普通话的人理解这个字会有些吃力，甚至可能会怀疑“企”是来自

① 有些音节在某种情况下是语素，在另外的情况下不是语素。例如，“沙丘、沙发、灵巧、巧克力”中，“沙、巧”在“沙丘、灵巧”中表义，是语素；在“沙发、巧克力”中表音不表义，不是语素。因此，看一个字是不是一个语素，要根据它所在的词来判断。只有这个字的意思跟整个词的意思相关，我们才能认为它是一个语素，否则只能是一个没有意义的音节（施春宏，2018：121）。

其他语言的外来语素。其实“企鹅”的“企”在古汉语中是尽力前望而踮脚站立的意思，据《康熙字典》载：“《唐韵》《集韵》《韵会》去智切。《正韵》去冀切，并音器。举踵望也。”现代粤方言里，“企”仍是一个非常自由的语素，公交车上有“座”位，有“企”位。汉民族共同语中的“企鹅”的“企”，就是“（为尽力前望而）踮脚站立”的意思，就是“举踵望”的意思。

二、词

词是最小的能独立运用的音义结合体，也可以从不同角度进行分类。

（一）单音词和复音词

根据每个词所包含音节数量的多少，词可分为单音词和复音词。单音词即由一个音节构成的词，也叫单音节词，如“天、人、写、的、啊”等；复音词是由两个或两个以上音节构成的词，也叫复音节词，又包括双音节词和多音节词，如“天空、汉语、忽然、歇斯底里、奥林匹克运动会”等。在现代汉语的词汇系统中，单音词虽然数量相对较少，但大多使用频率很高；双音节是词的主要语音形式，新产生的词也以双音节为主[①]。根据侯敏（2022：761）的研究，2000—2020年间新产生的4263条新词语中，单音词有64个，占比1.5%，双音词有2141个，占比50.22%，三音节词有1264个，占比29.65%，其他依次为四音节词（659个，占比15.46%）、五音节词（94个，占比2.21%）、六音节词（23个，占比0.54%）、大于等于七音节的词（18个，占比

① 详见本书第三章。

0.42%，其中最长的为 16 个字）[1]。

（二）单纯词和合成词

按照每个词所包含语素数量的多少，词可以分为单纯词和合成词。复字词中有为数相当可观的由若干个无义汉字或弃义汉字凑成的单位，也就是单字之外的单纯词。其中由无义汉字与无义汉字凑成的复字词一般只有双字的，这就是所谓的联绵词，如“颟顸、悱恻、恍惚、觊觎”等；由弃义汉字与弃义汉字凑成的复字词，字数多少没有硬性的规定，这就是所谓的外来词，如“克隆、歇斯底里、布尔什维克”等。合成词分两类：一类是复合词，这类词的直接组成成分主要是词汇性的，如“电脑、打击、美好、特别、天安门、安全岛、短平快、里外里”等；另一类是派生词，这类词的直接组成成分，既有主要为词汇性的，又有主要为语法性的，如“老鹰、钳子、敢于、自如、丫头家、乡巴佬”等。合成词绝大多数是由双字构成的，三字组合单位也有着与双字组合单位类似的性质特点，同样具有词的资格，如“亚健康、扁桃体、炒鱿鱼、戴高帽”等。个别的也有超过三字的，如“自来水笔、被选举权、十二指肠、无后坐力炮”等。[2] 单纯词、合成词跟单音

---

① 《汉语新词语词典（2000—2020）》收录 4263 条新词语，其中，单音词 64 个，占比 1.5%，如“踩、云、扫、团、宅、拼、被、群”等，双音词 2141 个，占比 50.22%，如“傲娇、给力、房奴、拼车、微博、微信”，三音节词 1264 个，占比 29.65%，如“大数据、新常态、断崖式、骨灰级、女汉子、中国梦”，其他依次为四音节词（659 个，占比 15.46%，如“节能减排、一带一路、嫦娥一号、双创特区、共享单车、小微企业”）、五音节词（94 个，占比 2.21%，如“科学发展观、电子健康码、非典型肺炎、网络原住民”）、六音节词（23 个，占比 0.54%，如“半小时经济圈、城市年轻指数、基因编辑婴儿”）、大于等于七音节的词（18 个，占比 0.42%，其中最长的为 16 个字，如“第四次工业革命、京津冀协同发展、人类命运共同体、老虎苍蝇一起打、独生子女护理假”）等。

② 汉语中少有由无义汉字与弃义汉字组合成的单纯词，或由无义汉字与弃义汉字组合成的合成词。

词、复音词之间的关系如下（参看施春宏，2018：130）：

单纯词
- 人、哭、美、才 —— 单音词
- 仿佛、茫茫、知了、三明治 —— 复音词

合成词
- 电脑、敲击、奇妙、说明 —— 复音词
- 城市化、超一流、教条主义 —— 复音词

（三）口词和目词

实际生活中所存在的词有耳治、目治之别，可按照词感的强弱，将词分为口词和目词。口词是听觉上可接受的词，因被广大的语言使用者所使用，故予人较强的词感；目词是视觉上可接受的词，用于有较高文化水平的读者的阅读中，只在书面上使用，在写成文字的情况下才容易理解，因此对大众来说词感较弱。例如，“状态不佳”中的“不佳”是一个短语，其中的“佳”是词，但是“佳”一般不在人们口头中出现和使用——不是个口语词，而基本在书面上出现和使用——是目词（周荐，2016：22）。又如，“动物名 + 肉”这类词的造就，是先由与人关系最为密切的禽畜的名与“肉”相组合，造出“猪肉、牛肉、羊肉、狗肉、鸡肉”等，而后类推造出“兔肉、鸭肉、鹅肉、马肉、驴肉”，甚至还会造出更多其他的词，如“蛇肉、虎肉、驼肉、鸟肉”“火鸡肉、猴子肉、松鼠肉、骡子肉”等。从“猪肉”等到“火鸡肉”等，其是口词的概率越来越低，其是目词的概率越来越高。

（四）语言的词和言语的词

言语的词是个别的、具体的，可以直接观察到的，如鲁迅作品中的“浅闺、有聊、武化”等都是言语的词。言语的词是话语中的词，在话语中，各个词，由于它们是连接在一起的，彼此结成了以语言的

线条性为基础的关系，排除了同时发出两个要素的可能性。这些要素一个挨着一个排列在言语的链条上面，同具体的语境相联系。语言的词是在话语之外，各个有某种共同点的词在人们的记忆里联合起来，构成具有各种关系的集合（索绪尔，高名凯译，1980：171）。语言的词是抽象的，脱离了具体语境。二者的根本区别在于：语言的词是依据聚合关系构建的一种类聚系统；言语的词依据的是线性的组合关系。二者是一般和个别、模式和体现的关系，在语言的历史演变中，许多词早已退出词汇系统，但是可以偶尔出现在言语中。

（五）显性的词和潜性的词

显性和潜性是一组对立的概念[①]。弗罗姆金、罗德曼在《语言导论》（沈家煊等译，1994：127–129）中曾指出："我们已经看到，一种语言的说话者凭借他们的语音知识而知道一串语音是否能够成为其语言中的一个词……所有语音串都可以归为三种词：（1）目前存在之词（black［黑］）；（2）可能但未曾出现的潜在词（blick）；（3）不可能之'词'（kbli）。"其中第一类"目前存在之词"就是"显词"，第二类"可能但未曾出现的潜在词"就是"潜词"。例如，汉语词典中的词、诗词中的词——"床前、明月、光，疑、是、地上、霜""春、眠、不、觉、晓，花、落、知、多少"等就是显词。潜在的、可能的、至今还未出现的词是潜词，这类词符合一种语言的构词规律，潜藏在语言词汇的底层，尚未变成言语事实。需要指出的是，只要社会文化语用条件充分，显词和潜词是会相互转化的。例如，每天在网络等媒体上出现的以前没有过的词，像"房姐、房奴、房媳、房叔"等就是潜词的显化，"庖人、酒人、大宰、女盐"一类的词在当时是显词，后来潜化了（王希

---

① 例如一幅中国画，画面中的"牡丹、松柏"等是显性的，其寓意"繁荣昌盛"是潜性的。

杰，2018：50）。

三、词的固定组合体

（一）仂语

清代及清代之前汉语中已有为数不少的四字格，但那时的四字格从类型上看多为成语（如“指鹿为马、守株待兔、黔驴技穷、祸起萧墙”）、俗语（如“有一得一、知足常乐、金盆洗手、装腔作势”）和俗词（如“伶牙俐齿、结发夫妻、丈八蛇矛、两盘饭间”）。进入现当代以来，汉语中出现了许多表示特定概念且表意直白的固定组合体——借用一个现成的说法，可称之为“仂语”，如“麻醉疗法、苔藓植物、全息摄影、靶向治疗、法律援助、社会保险、和谐社会、激情犯罪、扫黄打黑、业内人士、以德治国”等。这种仂语历史并不悠久，是适应现当代社会的经济、文化、政治等新的格局而产生的[①]。

有一种数字仂语，它们分前后两部分，前一部分表示时间、番号、数量或数目，后一部分表示具体的事件、事实、机构、计划、决定等。这类数字仂语中数量最大的，也最引人瞩目的是以表示时间的成分参与构成或以表示时间的成分直接构成的仂语，如“一二·九运动、三二〇公投、五四运动、七七事变、八一宣言、九一一恐怖袭击事件”等。类似的格式在20世纪之前一般是用干支记日法与表定性的词汇成分相结合构成的，如“辛丑条约、戊戌变法”等。进入20世纪后，特别是20世纪前半叶，此种结构方法仍有遗存，例如“艳电、马日事

① 20世纪对于中国社会和中华民族来说是一个大动荡、大变革的时期，社会面貌、政治格局、风俗习惯以及人们的思想意识都无一例外地受到了影响和感染。反映到语言里，汉语词汇在类型上发生了一些前所未有的变化。这些变化是前代所没有的，也是前代不可能出现的。

变”等。20 世纪后半叶以后，再难见到用干支记日法表示时间的仂语，而大都是以月份和日子表示时间的数字仂语了。

数字仂语的第二类是指以表示番号的成分参与构成或以表示番号的成分直接构成的仂语，如“359 旅、二五六医院、三〇八高地、107 国道、346 次（列车）、337 条款”。以表示番号的成分参与构成的数字仂语首先用于军队，主要是出于保密的需要。在当今的中国人民解放军部队里，有一定建制的部队都有自己固定的番号，有的部门甚至会拥有两个番号，如野战医院在作为医院单位时有一个三位元数的番号，像“三七一医院”，在作为部队的建制时有一个四位数的番号，像“六九〇一部队”。以表示番号的成分构成的这种数字仂语除了有保密的特点外，还有使用快捷、称谓方便等特点，于是便从军队蔓延到地方，由此使用开来，如各大油田的钻井队都以番号命名。再之后，随着中国境内公路建设的飞速发展，高等级公路也都以番号命名，如“107 国道、319 省道”。①

数字仂语的第三类是指以表示数量、数目的成分参与构成或以表示数量、数目的成分直接构成的仂语，如“十四五规划、211 工程”。前者中的“十四”是序数性的成分，“五”是基数性的成分，“十四五规划”是“第十四个五年规划”的简略的说法；后者中前边的“21”两个数位是 21 世纪的意思，是序数性的成分，后边的“1”是 100 的略写，也是序数性的成分，“211 工程”含有国家在 21 世纪重点建设 100 个大学和重点学科的意思。表示数量、数目的成分由序数性成分或基数性成分充当，这样构成的数字仂语在古代汉语中并非没有，但

① 上述以表示番号的成分参与构成的数字仂语都没有次第义或没有明显的次第义。而另外一些由表示番号的成分参与构成的数字仂语却具有明显的次第义，如“346 次（列车）、337 条款”。无论是否具有次第义，以表示番号的成分参与构成的这种数字仂语的前面都可以出现表示序数的“第”。这说明表示番号的成分本身是具有明显的次第义的。

那些数字仂语中表示数量、数目的成分一般是单纯的序数性成分（如“一元”）或单纯的基数性成分（如“八大山人、二十四史”），而少有序数性成分与基数性成分糅合、序数性成分与序数性成分糅合、基数性成分与基数性成分糅合的情况。

仂语在近年来的一个显著的变化趋势是，用两个已有的双字词相加而成，例如，用“虚拟”与“世界、经济、家园、城市、课堂”等相组合构成“虚拟世界、虚拟经济、虚拟家园、虚拟城市、虚拟课堂”，用“和谐”与“社会、地区、亚洲、世界、外交”等相组合构成“和谐社会、和谐地区、和谐亚洲、和谐世界、和谐外交”。当然，仂语并不都是四字格的，也有很多非四字格的。此外，近年来还涌现出类似派生式的仂语，如“……制”的“一票否决制”、“……式”的“行政一站式”等是超过四字的。

（二）词加

《现代汉语词典》（下简称《现汉》）未注明词缀身份的“某～、原～、前～、～热”与已注明词缀身份的“老～、阿～、～子、～头”不同：后者是词法范围内的“缀”（affix），与名语素等组合后构成名词；前者是兼跨词法、句法领域的缀，与体词或体词性固定短语组合后构成固定短语或新的更大的固定组合体。这种固定短语或新的更大的固定组合体是现代人临时组合起来的，可以叫作“词加”①。我们须得承认，一些组合性的定中偏正结构，一旦前边再由“某”“前”“原”

① 日本语言学者影山太郎曾以“前首相和大臣”为例，指出此类单位也具有词汇性。这一认识对汉语词典的收条原则具有一定的冲击性：一般的汉语词典是不把“前首相”之类的单位收取为条的，却又难以否认“前”对“首相”的附着性；一般的汉语词典也不会认为“前首相和大臣”具有词汇单位的资格，却又不易否认“前”可能延及于“大臣”的修饰限定作用，以及当此作用呈现时嵌在其间的成分的非句法性。因此，像“前首相和大臣”之类的单位就成了词典收条的临界性单位。

这类介于词和词缀之间的成分修饰，整个结构便改变为黏合性结构。例如，“著名作家”可以说成“著名的作家”，可见是组合性结构；而当我们在“著名作家”前加上“某”变成“某著名作家”时，就不能再说成“某著名的作家”，可见是黏合性结构。组合性结构，成分间的关系是松散的，可以认定其不具词汇性；而黏合性结构，成分间的关系是紧密的，可以考虑其具有词汇性，或具有一定的词汇性。①

（三）待嵌格式

两字交替显现、两字（个别的为多字）交替隐含而须人们在使用中将隐含的字填补进去以构成一个新的词汇单位的准四字格式，如“半……半……”“不……而……”“大……特……”“非……即……”可称为待嵌格式。《现汉》设立的待嵌格式一共有 33 个②，目的是引导人们用某种架构去类推创造出新的类固定短语。例如“半……半……”这个待嵌格式，《现汉》为该条目所出的例子为：“～文～白|～明～暗|～信～疑|～吞～吐|～推～就”。由于这种待嵌格式是只出架构，因而给人们留下了仿拟类推创造的广阔空间，可使人以此为模式造出许多同类的类固定短语。除《现汉》给出的例子之外，“半……半……”

① “某”“前”“原”这类介于词和词缀之间的成分，附着在其他成分之前，被附着的成分有三类情况：第一类是词，如“某主任”的“主任”、“前主席”的“主席”；第二类是黏合性的专名固定短语，如“原总理大臣”中的“总理大臣”、“前外交部长”中的“外交部长”；第三类是组合性的自由词组，如“前政府要员”中的“政府要员”、“原足协秘书长”中的“足协秘书长”。

② 《现汉》（修订本）除上面列出的 4 个外，还有如下 29 个：半……不……、不……不……、大……大……、道……不……、东……西……、非……非……、连……带……、没……没……、七……八……、千……万……、前……后……、且……且……、三……五……、说……道……、四……八……、似……非……、随……随……、无……无……、现……现……、一……半……、一……不……、一……而……、一……二……、一……就……、一……一……、一……再……、有……无……、有……有……、左……右……。

这个待嵌格式，还可造出“半疯半傻、半痴半呆、半虚半实、半男半女”等。

《现汉》为待嵌格式所给出的例子多为四字格的。例如“不……不……”这个待嵌格式，《现汉》给出的例子“不干不净、不明不白、不清不楚、不偏不倚、不慌不忙、不痛不痒、不知不觉、不言不语、不声不响、不理不睬、不闻不问”等均为四字格，未有超过四字的单位。这说明四字格是待嵌格式最适宜选择的格式。当然，语言中不乏非四字的或未必四字的待嵌格式，其中有词法层面上的（如“拜……所赐”“拜……之赐”“数以……计”“何……之有”），也有句法层面上的（如“不但……而且……”“既然……那么……”“因为……所以……”“不是……就是……”）。句法层面的待嵌格式是造就复句的构件，它们所造成的当然断非四字的熟语性质的词汇单位；词法层面的待嵌格式，所造就的也不见得就一定是四字的熟语性质的词汇单位。使用中不但要将词汇性的待嵌格式与非词汇性的待嵌格式严格区别开来，也要将词汇性的四字待嵌格式与词汇性的非四字待嵌格式严格区别开来。[①]

四、“字”是不是词汇单位？[②]

字究竟是什么单位？这一问题在20世纪50年代初的那场字本位还是词本位的大讨论中曾得到过充分讨论：反对将字看作语言词汇的

---

① 待嵌格式虽然要等镶嵌进某些成分后才成为成语或短语，但格式本身是固定的。如果说由待嵌格式经镶嵌一些成分而成的单位（如由“七……八……”构成的“七上八下、七嘴八舌”，由“千……万……”构成的“千言万语、千山万水”）是现成的词汇性单位的话，待嵌格式本身可以说是备用的词汇性单位。

② 在汉语文献中，首先提出“词”作为现代语言学意义的术语，并且跟“字”加以区别的是章士钊的《中等国文典》（1907）（参看周荐，1995：12）。

单位的学者认为字是文字的单位，不是语言的单位，将字视为词汇的单位是字本位的观点，是早该抛弃的陈腐的观点；坚持将字看作语言词汇的单位的人数远不如反对者众，声音一发出即遭淹没。这种局面直到 20 世纪 90 年代才略有改观。

但是，字果真只是文字学的单位吗？[①]在中国现代语言文字学产生之前的至少两千年的历史中，人们都习惯说“字”，并让它指称 20 世纪初才产生出来的“词”“语素”之类概念所指的对象。如果字仅指文字学意义上的那个符号形体，认为它不是也不能充作语言学意义的单位，那么它在两千年历史中的意义所指就成了问题。即使在今天看来，字也未必就仅指文字学上的形体符号，我们常听人说“他说了半天，我一个字也没听懂”“请你大点儿声，你刚才说的话老人家一个字也没听见”，这些句子里的“字”都非文字形体之意，而是语言词汇单位之意。

字并不能时时处处都与语素画上等号。语素的定义是语言中最小的音义结合体。这就是说，举凡语言中存在的音和义的结合物，只要它是最小的、不可再行分解的，就是语素。这就出现了两个大的问题。第一，“语素”的定义并未说明它一定是词汇层面上的音义结合体。换言之，其他层面上的音义结合体，只要它是最小的，也未必不可以称作“语素”。第二，按照现有的“语素”的定义，它只是对结合而成的那个音义结合体提出要求，要求其必须是最小的音义结合体，不可再行分割的，却并未将构成它的音、义分开来说明是否必须都是最小的。事实上，音、义两者是否同时都最小，人们似乎并不关心。音是否最

---

① 严辰松（2002）指出：“分析汉语的语义和语法不能无视‘字’这一基本单位的存在。‘字’可以充任语素，然而‘字’还具有语素所没有的特点。语素中的‘素’含有是更大的单位的组成部分的意思，而汉语中的许多‘字’却不仅可以成为高一级单位的组成分子，而且可以独立使用。即便是厕身词中，‘字’的存在也昭然显豁。‘字’的独立性和离散性给汉语的词汇系统和语法分析带来深刻的、不可忽视的影响。”

小，人们并不看重；而义是否最小，才是人们最看重的。在汉语中，字元数与音节数在绝大多数情况下是一一对应的，即一个汉字，其发之于口的音节形式是一个；一个音节形式，其著之于书面上的字元是一个。但是不相一致的情形也还是存在的，如一字元二音节的“瓩”（读作 qiān wǎ，现作千瓦）和一音节二字元的“花儿”。[①] 当一音节二字元的“花儿”这样的形体出现在人们面前的时候，鲜少有人会对“花儿”的一个语素的资格抱持怀疑态度，因为人们认为“花儿”的“儿”只表示一个卷舌动作，不自成音节，不能算作具有了一个独立语素的资格；当一字元二音节的“瓩”这样的形体出现在人们面前时，好像也没有多少人会因“瓩”在读音上分为两个音节而将其视为两个语素，因为“瓩”的文字形体又起到了约束其无法拆分为两个语素的作用。由此可见，在语素的认定上，人们的态度是宜合不宜分的，即只要有可能不把字元、音节大于一个的形式算作不同的语素，人们还是尽量视其为一个语素。也就是说，字元可以在空间上延伸为占两个或更多个方块的面积，音节也可以在时长上拉长到两个或更多个音节的长度，只要这字元之多、音节之长还不足以使人们认定它已在表示两个或更多个语素，那么人们就还会固执地将其认定为一个语素。正因为这样，中国传统上的联绵词，虽然它一般是由两个字构成的，但古人仍将其称作“联绵字”而不称作“联绵词”，而在现代人心目中则倾向于把它们看作是由两个字表示的一个语素、一个词。用汉字拟写其他语言的音而成的汉语外来词，尽管可能需要八九个字甚至更多个字来表示，但在中国人的心目中也仍会将其视为一个语素、一个词。

字可分为实字和虚字。一般认为，实字是表示词汇性意义的字，如“人、车、吃、睡、好、丑”，虚字是表示语法性意义的字，如“了

① 一字元承载二音节是极限，汉字中没有一字元承载三音节或三音节以上者；一音节承载二字元也是极限，汉字中没有一音节承载三字元或三字元以上者。

（le）、吗、吧（ba）、子（zi）”。字的虚实，不是凝固不变的，而是可能会随着时代的变迁而变化——汉语史上的不少虚字，就是由实字发展演化来的。

字与字组合可构成词。字与字组合成词要受字义的制约。字可分为有义字、无义字和弃义字三类。有义字是记录本族语言的词或语素的字，如“天、地、吃、穿、好、坏、很、真”；无义字是专为记录舶来的外来词所造的字，如“琉、璃、氆、氇、葡、萄、蝌、蚪”；弃义字是已有的用于翻译外来词的字，如“纳米”中的“纳、米”、“克隆”中的“克、隆”、“雷米封”[①]中的“雷、米、封”、“福尔马林”中的“福、尔、马、林”，它们在所组成的词中都丢弃了其本有的字义。字与字组合为词的模式有如下几种：第一种是“有义字 + 有义字”，如“人民、共和、吃喝、说唱、多少、伤痛、幸福、悠闲”[②]；第二种是“有义字 + 无义字”，如“瘫痪、磅秤、忏悔、啤酒、砂糖”；第三种是“有义字 + 弃义字”，如译自 MAN UTD 的“曼联”，“曼”是弃义字，“联”是有义字，其他类似的例子还有“酒吧、沙皇、摩的、刷卡”；第四种是“无义字 + 无义字”，如“琉璃、氆氇、葡萄、蝾螈”；第五种是“无义字 + 弃义字”，如“扎啤、氧吧”；第六种是“弃义字 + 弃义字”，如“坦克、马达、杯葛、哈达、热瓦甫、冬不拉、盘尼西林、英特纳雄耐尔”；第七种是像“IC 卡”这类用西文字母加上弃义字构成的词。有意思的是，第七种在专有名词中亦可见到，如葡萄牙足球运动员 Cristiano Ronaldo dos Santos Aveiro，译成中文为“克里斯蒂亚诺·罗纳尔多·多斯·桑托斯·阿维罗”。可能是人们嫌这样长的名字难以称呼，也可能是为了区别于巴西足球运动员 Ronaldo Luiz Nazario

---

① “雷米封”现作“异烟肼”，是一种全效杀菌药，用于治疗敏感结核病。

② 有义字又可分为实义字和虚义字。实义字不必多说，虚义字如“呢、着、的、乎”。实义字与虚义字相加的例子如“有着、的话、来着、在乎”，虚义字与虚义字相加的例子如“着呢、着哩、然则、之乎者也”。

De Lima（中文译名为“罗纳尔多·路易斯·纳扎里奥·达·利马”），于是将其称作“C 罗”。

有义字，有的功能甚至比不上无义字、弃义字。例如：“翱翔”中的“翱”，只能出现在与“翔”组合的场合，组合成“翱翔”；“招徕”中的“徕”只能出现在与“招”组合的场合，组合成“招徕”；“青睐”中的“睐”只能出现在与“青”组合的场合，组合成“青睐”；“蠲免”中的“蠲”只能出现在与“免”组合的场合，组合成“蠲免”；“湔洗”中的“湔”只能出现在与“洗”组合的场合，组合成“湔洗”；“疲惫”中的“惫”只能出现在与“疲”组合的场合，组合成“疲惫”；“兵燹”中的“燹”只能出现在与“兵”组合的场合，组合成“兵燹”；“冻瘃”中的“瘃”只能出现在与“冻”组合的场合，组合成“冻瘃”；“蟊贼”中的“蟊”只能出现在与“贼”组合的场合，组合成“蟊贼”；“惬意”中的“惬”只能出现在与“意”组合的场合，组合成“惬意”；“情愫”中的“愫”只能出现在与“情”组合的场合，组合成“情愫”；“澌灭”中的“澌”只能出现在与“灭”组合的场合，组合成“澌灭”；“畏葸”中的“葸”只能出现在与“畏”组合的场合，组合成“畏葸”；“蹂躏”中的“躏”只能出现在与“蹂”组合的场合，组合成“蹂躏”；“优渥”的“渥”只能出现在与“优”组合的场合，组合成“优渥”。当然，这些组合功能非常弱的汉字，在历史上其组合功能未必就如同现在一样弱，有的甚至完全可以独立使用。例如，“徕”在《论语·季氏》中就出现在“故远人不服，则修文德以徕之”的句子里。无义字亦可在一定条件下构成复合词，如“叮咛”“嘱咐”大概都是联绵词，但是由上述两词的构词要素构成的“叮嘱”却是复合词。有的学者根据字的结构功能给字作了分类，将构词等级分为 5 级：“构词率大于等于 40 的字为 1 级，小于 40 大于等于 20 的为 2 级，小于 20 大于等于 10 的为 3 级，小于 10 大于等于 5 的为 4 级，小于 5 的为 5 级。”（张凯，1997）按照此一分级，上列“翱翔”的“翱”等有义字，无疑属于第5级，即属于构词能力最低的一级。如果仔细分析，我们还能够找出可分别与两个不同的字构成两个词的字，如“渎”可分别与“亵、职”构成“亵渎、渎职”两个词，“徙”可分别与“迁、倚”构成“迁徙、徙倚”两个词。我们也不难找出可分别与三个不同的字构成三个词的字，如“侪”可分别与“同、辈、吾”构成“同侪、侪辈、吾侪”三个词，“翕”可分别与“动、然、张”构成“翕动、翕然、翕张”三个词，“髫”可分别与“龄、年、垂”构成“髫龄、髫年、垂髫”三个词。我们也有可分别与四个不同的字构成四个词的字，如“亵”可分别与“渎、猥、衣、慢”构成“亵渎、猥亵、亵衣、亵慢”四个词，“獭”可分别与“水、旱、海、祭”构成“水獭、旱獭、海獭、獭祭”四个词，“豚”可分别与“海、江、河、鼠”构成“海豚、江豚、河豚、豚鼠”四个词，“诿”可分别与“推、过、卸、罪”构成“推诿、诿过、诿卸、诿罪”四个词。

构词能力大小，固然与该字是否能够独用有关——一般来说，能独用的字，构词能力会强一些，不能独用的字，构词能力会弱一些，但是这一点也不可绝对化，因为有的字虽然是不独用的，但其构词能力并不低，如动词性的“就”一般不独用，但却可构成“就义、就餐、就读、就学、就刑、就戮、就职”，甚至还可构成“就浴”等；反之，经常独用的一些字，却不一定有多大的构词能力，如“的、也、吗、呢”。当然，也有在历史上独用而没有多大构词能力却在后来发展为构词能力超强的情况，如“零”在现在可构成“零距离、零接触、零付出、零支付、零风险、零感染、零容忍”等。不少学者在谈到语素的性质和功用时，用“自由”作为词根的特性，用“黏着”作为词缀的特性。这或许并不恰当。黏着的字不一定就可以充任词缀，词根也有黏着的。再进一步看，词也有黏着与自由之分，如“无乃、岂非、代为、自相、之内、之最”就是黏着词。与黏着字一样，有些黏着词也可能随着发展变成自由词。例如，“之前”在20世纪90年代之前必须附着在一个表示时间的体词性成分后才可使用，大约是从90年代开始它逐渐可以用于句首，变成自由词了。自由的字也未必就是词根，词缀也有自由度大小之别。词缀、词根（以及词干之类），是从构词的角度来谈的，而自由、黏着是从字（语素）结合度、使用度的角度来谈的，两者不可混而为一。自由的字多为结合面宽的语素，黏着的字多为结合面窄的语素。构成一个词的两个字，可能一者是自由的，结合面宽，一者是黏着的，结合面窄，如“睫毛、楼宇、复岗、过境”；可能两者都是自由的，如“吃紧、后爹、急忙、讲课”；或两者都是黏着的，如“疆场、晋谒、颈项、愚陋”。汉语是这样，英语也是如此。例如，blackbird 中 black 和 bird 结合面都很宽，都较为自由，而 outlandish 中的 out 结合面很宽，较为自由，landish 结合面很窄，是黏着的。又如，cranberry 中的 cran 远不如 berry 结合面宽。需要注意的是 landish 和 cran 都并非词缀，而是词根。

现代语言学认为，词是最小的能够自由运用的语言单位。准此，所有的被称作自由语素而能单独出现的字（如“人、吃、大、很”）都是词，所有由被称作黏着语素的字相互组合而成的单位（如“民生、浪迹、旅次、令阃”）、所有由被称作自由语素的字与被称作黏着语素的字组合成的单位（如“开赴、流逝、敢于、阿飞”），甚至由部分被称作自由语素的字相互组合起来的单位（如“忙乱、家产、高大、心肠”），只要它们彼此间的结合是紧密的，或者说它们结合后产生了新的意义或非字面上的意义，只要它们具有自由运用的资格，就都能为一般的学者和普通的人认定为词。上面所列出的词，实际上可大致分为两类，一类是所谓的单字词，一类是复字词中所谓的合成词。绝大多数的单字词都是由有义字充当的，只有少数无义字或弃义字在一定条件下才具有充任单字词的资格。现代语言学又认为，语素是语言中最小的音义结合体；词汇范围内所谈的语素分为两类——自由语素和黏着语素，成词的是自由语素，不成词的是黏着语素。然而，成词的虽然一般是自由语素，但自由语素却未必一定成词——不少自由语素既可直接充当词，亦可作为词语的构件用于构词造语，如“人民性”的“人民”、“公路段”的“公路”、“飞行器”的“飞行”、“笔记本”的“笔记”；不成词的尽管一般是黏着语素，但黏着语素却不见得不能成词——相当数量的黏着语素也具有词一样的功能，如“分道而行”的“行”、“殷实之家”的“之”、“眼耳鼻舌身”的“耳”、“听我慢慢道来”的“道”等，虽然都很难有独立地自由运用的资格，但却可以出现在上述未必是熟语性的组合中。可见，将语素分为自由和黏着，仍旧无法彻底解决何者充当词、何者不是词的问题，更何况当被称作语素的字成词时称其为“词”，当被称作语素的字不成词时又称其为“语素”，有违逻辑，容易造成混乱。现代语言学树立“语素”这一概念的同时，把中国人传统观念上的“字”摒除掉了。“字”被认为是文字学的术语，其他情况则多代之以“语素”和“音节”。有义字遂被改称为“语素”，无义字以及因使用而产生的弃义字也被改称作“音节”。“音节”是语音学的术语，拿来作为词汇的分析单位，实在不伦不类。实际上“音节”这一术语也代替不了“字”。姑且不说音节是由音素组成的语音单位而不是词汇单位，词汇里还有由若干个字构成的字串（如“摩托车”中的“摩托”、“芭蕾舞”中的“芭蕾”、“登革热”中的“登革”、“卡宾枪”中的“卡宾”），也并非用音节代替得了的，而一些非单音节的字（如“浬、瓩、吋”①）更难用音节来称说。根据以上的分析，我们认为“字”不宜从汉语语言学中摒弃掉，它仍是汉语语言学，尤其是汉语词汇学中有用的术语——它是词汇最低的一个层级，也是

① “浬”现作“海里”，“瓩”现作“千瓦”，“吋”现作“英寸”。

为数众多的他类词汇单位构成的基础。[①]

五、“熟语”是不是词汇单位？

复字词汇单位中另一个常被人提起的大类就是熟语，它包括典雅的成语（如“因祸得福、易如反掌、黔驴之技、买椟还珠”）、俗白的惯用语（如“到哪说哪、哪说哪了、空手套白狼、得便宜卖乖”）、歇后语（如“脱裤子放屁——多费一道手续”“绱鞋不使锥子——真（针）好”“张飞穿针——大眼瞪小眼”“武大郎放风筝——出手不高”）、谚语（如“一招鲜，吃遍天”“人误地一时，地误人一年”“登山始觉天高广，到海方知浪渺茫”“好马不停蹄，好牛不停犁”“花配花，柳配柳，破粪箕，配笤帚”）以及介于雅俗之间的格言（如“生命在于运动”“一寸光阴一寸金”“一分耕耘，一分收获”“得民心者得天下”）、名言（如“发展才是硬道理”“人人为我，我为人人”“虚心使人进步，骄傲使人落后”）和警句（如“宁停三分，不抢一秒”“安全进厂，平安回家”“火警就是命令”“百年大计，品质第一”）。

在熟语是否完全属于语言词汇这一点上，学术界的观点是曾有过分歧的。有的学者称其为“特殊词汇”（如王勤、武占坤，1959），也有的学者认为熟语应根据其是表示概念还是表示思想而分为语言的熟语和言语的熟语，语言的熟语可与词一起划归为语言的词汇，而言语的熟语则不能与词一起划归为语言的词汇。该观点从 20 世纪 50 年代至 80 年代不断有人提出[②]。然而，这一观点在实践上却遇到了麻烦。例如，

---

① 蒋绍愚（2015：30–41）从七个方面谈到了“字”的作用：（1）字所表达的语言单位“语素”在汉语中十分重要；（2）字具有表义的作用；（3）字使得汉语的符号系统繁简适中；（4）字可以超越时代，超越地域；（5）汉字的变化反映和适应了语言的发展；（6）字是人们熟悉的社会学的单位；（7）字是现成的，是汉语习得的起点。

② 提出此观点的代表性学者，20 世纪 50 年代如王德春先生，80 年代如刘叔新先生，感兴趣的读者可参阅两位先生的著述。

"欲投鼠而忌器"就因为它是谚语，按照上述理论就认为它所表达的是思想，而"投鼠忌器"就因为它是成语，按照上述理论就认为它所表达的是概念。这样的处理方法，于情于理似乎都难说通。又如，"掌上明珠"是成语，"掌珠"是词，按照上述理论来看它们两者表达的都是概念，但是"掌上明珠"和"掌珠"的区别，似乎比"欲投鼠而忌器"和"投鼠忌器"的区别还要更大一些。同样的，"守株待兔"和"株守"，前者是公认的成语，后者无疑是词。它们之间的区别似乎也大过"欲投鼠而忌器"和"投鼠忌器"的区别。所以，问题并不在于个别例子是否表达概念或思想，而在于熟语中是否真存有截然的鸿沟。从一个方块形状的字到若干个方块形状构成的熟语，随着词长的不断增加，确实会出现不相一致的情况，尤其是将最短的一字单位和最长的熟语单位拿来比较着看的时候。但是，用于比较的这种最短的一字单位和熟语中最长的单位都是极端的例子，并不能说明词长对比不太明显的例子是否也如极端的例子那样对比鲜明，判若泾渭，从而可供论者拿来作为它们一者表达概念一者表达思想的根据。语言中出现的一个单位，当它具有了使用上的复呈性、意义上的凝固性和词形上的完整性，它就自然而然被使用者视为一个词汇性单位，而与那些不具备使用上的复呈性、意义上的凝固性和词形上的完整性的非词汇性单位区别开来。这一点不仅是词汇单位与非词汇单位的区别，而且也是判定一切词汇单位内部成员同一性的根据。词汇单位内部存在着许多次类，一些次类的区别也并非不显著，但是它们内部成员间的这种差异远远比不上它们与非词汇单位间的那种差异——后者是更显著的、原则性的差异。

进入 21 世纪后，也有学者有感于"语""词"的不同，有感于熟语研究的薄弱，提出"语词分立说"，倡导将"语汇"从"词汇"中分立出去，让"语汇学""语典学"专事熟语的研究和整理工作。该观点在词汇学界引起较大反响，也启发人们去进行学术思考：语、词究竟该分该合？语、词的分合，其各自的学理是什么？语属不属于词汇，是否不应收入词典？具备何种条件，新建学科才能在学科体系中存在？凡此种种，均须认真思索并给出有说服力的答案。我们认为，词和熟语确有不完全相同的情况。一般来说，词汇单位的形制越长，就越可以完整地表意，我们也越能从句法上对其内部结构做出解释，这是因为那形制较长的词汇单位往往是由原先的句子直接凝固而成的；词汇单位的形制越短，就越不易完整地表意，我们也越不能从句法上对其内部结构做出解释，而须得以释义的方式注出，这是因为那形制短小的词汇单位往往不是由原先的句子直接凝固成的。例如，“人民、泥土、怀疑、洄游”这样的词，解释起来就不像熟语那样容易，即使像“日全食、近地点、井田制、抛物线”这样的词汇单位，也不好说是由古人的言语的句子直接凝固成的。然而，熟语所表示的意义似乎就无须过多地解释，即使它们采用的是非字面的表意法，如“耕者有其田”“生命在于运动”“牺牲我一个，幸福千万人”“近水楼台先得月，向阳花木易为春”。但是，尽管二者不完全相同，长期以来词和语却被学者们放在一起进行研究，也并非是没有道理的，因为它们的确存在着较大的同一性。事实上，很多问题不仅是词的问题，也是语的问题。

以词的构成机制这个词形问题为例。有一种被学者们称作“聚合词”的单位，它是由至少三个具有同样语法属性的字按照并列结构的方式构成的，如“短平快、京津沪、马大哈、老中青”。也有由四字构成的聚合词，如“唱念做打、煎炒烹炸、起承转合、望闻问切”，甚至有由更多字构成的聚合词，如“吃喝拉撒睡、金木水火土、柴米油盐酱醋茶、赤橙黄绿青蓝紫”。双字的聚合词，常见的是由两个体词性的字构成的地名词，如“安庆、旅大”。“短平快、京津沪”是词？是语？或许有人会把它们与“喝咖啡、大团结、灌米汤、小爬虫”等归为一类，认为其是惯用语；或许也有人会将其与“安全岛、冠名权、光荣榜、回归线”等归为一类，将它们认定为词。但说到“吃喝拉撒睡、柴米油盐酱醋茶”等，大概就不会有人认为它们是词了，因为它们从词长上看实在已远离词，更接近于语了。可见，如果将词和语割裂开来，像上述词语所反映出来的问题就很难研究下去了。

再比如词长这样一个与音关系密切的问题。一般来说，双字单位常被认定是词，如“电话、手机、眼睛、自己”，四字单位容易被认定是语，如“披麻戴孝、匹马单枪、威风八面、啸聚山林”，但三字单位（如“吃空饷、穿小鞋、打秋风、捞稻草”）属何单位，就观点不一了。有说是惯用语的，有说是成语的，也有说是词的。再如“守株待兔”是成语，由之而来的“株守”是成语，还是词？如果认定“株守”是词，那么“守株待兔”应视为什么单位？假如将“株守”看作词，与之相类的“拍马”是不是词？如果“拍马”是词，那么“拍马屁”是否要与“吃空饷、穿小鞋、打秋风、捞稻草”一律看待？如果不将“拍马”视为成语，那么又该如何看待“期颐、芹献、识荆、郢正”这些被一些学者视为“二字成语”或“成词”的单位？

字面义和非字面义，更是既涉及词又涉及语的一个语义上的大问题。众所周知，并非只有语才会用到非字面义，一些词的意义也同样是不能按照字面所呈现的意思加以理解和解释的，如“挂靴、鹄望、虎口、稼穑、囹圄、枢纽、锁钥、鸭蛋、睚眦”。而语之中也不是只有成语才用到非字面义，其他的语用非字面义的情况也很普遍。例如，一般人所说的惯用语、喻借性的谚语、歇后语的引子部分，都用到了非字面义。这也说明词和语之间、各类语之间是存在着某种共性的。不难看出，问题是一串串的，相连在一起，倘若将词和语分立或割裂，对研究而言是清爽了，但是问题似乎并未因此而得到解决。

总括以上分析，可以看出汉语的词汇单位主要是由字、词、语所构成的一个系统。词汇单位有典型和非典型之分。典型的词汇单位是有意义且可以独立使用的字（如“天、好、打、很”）、词（如“委员、奋斗、共和国、安全岛”）、熟语（如“醍醐灌顶、优柔寡断、死猪不怕开水烫、老鼠进风箱——两头受气”）：它们都是词汇的现实性的单位，是词汇的现实性的使用单位。非典型的词汇单位是无意义的或虽有意义却不能独立使用的字（如“骆、蝌、榄、芙”和“睫、皿、肤、恶”）、无意义的字串（如“布达拉宫”的“布达拉”、“鄂伦春族”的“鄂伦春”[①]）、可称之为“待嵌格式”的词汇性的架构（如“连……带……”“一……再……”“有……无……”“左……右……”）：它们都是词汇的非现实性的单位，是词汇的备用性单位。

① 按照布龙菲尔德的观点，“布达拉、鄂伦春”之类也是语素，只不过不是普通的语素，而叫“剩余语素”。

第二章　词义与词义类聚

第一节　什么是词义

什么是词义？自柏拉图（Plato）、荀子以来的两千多年里，一直是人类思想史中的中心问题之一。也许有人会说，词义就是词的意义，但是意义又是什么呢？至少目前，这个问题人们还很难达成一致。

一、各种词义说[①]

（一）指称说

指称说也叫“指示说”“对象说”“命名说”。该类观点或认为词代表、指示（denote）或指称（refer）外部世界的物体（柏拉图）[②]，或认为词语是代表某种东西的符号，可划分为专有名词和摹状词，而词的意义就是事物（罗素），或认为名称表示对象，对象就是名称的意义（维特根斯坦）[③]。就词义的学习过程而言，指称意义是最先为人们所认知的一种词义。不过，也有观点从不同角度批评指称说的非科学性，认为语言的“物性”和科学的“对象性”不同，因此词不是某个事物的等价品，而是对这个事物的理解，语言从不指称事物本身（洪

---

① 符淮青（2006）进行了词义的分析和描写，张志毅、张庆云（2012：112–129）详细介绍了关于词义的各种主要说法。我们在这里择要摘引。

② 初期的古希腊哲学认为词与物是统一的，二者的分离始于柏拉图。

③ 维特根斯坦在后期的著作中否定了自己这一早期观点。

堡特)。指称说只适用于专有名词和物体词的直指定义，对虚词、没有实在对象的词[①]等则不适用；此外，同一词语的同一义位[②]可以指称不同对象或不同侧面，但不能因此说它的意义不同，不同词语可以指称同一对象，但不能因此说它们的意义相同[③]；还有那些能理解和掌握其词义，但是有时并不能辨认其所指对象，词场和物类不对等的情况也不适用；等等。总之，词语具有一定的所指物，但所指物并不等于词义，它仅仅是词的基义形成因素的一种、一类或一部分因素。

（二）观念说

观念说也叫“意念说”。这种观点认为语词是标志观念的，字眼的功用就在于能明显地标记各种观念，而且它们有固有的、直接的意义就在于它们所标记的那些观念（洛克）。不过，观念说虽然克服了指称说的部分缺点，但它本身也有问题。例如：它忽视了词义的固定性和规约性，忽视了大多数词义并不在人脑中产生表象或形象[④]，忽视了不同的人对同一个词产生的观念或表象（意象）不同[⑤]，忽视了不同的词语可能产生相同的观念或表象[⑥]以及观念本身是私有的，等等。

---

① 例如“鬼、神”等抽象词和“想、真理”等无所指的抽象动词、名词等。

② “义位”可以从宏观、中观和微观三个角度来理解：第一，它指一个词的所有义项；第二，它指一个词的一个义项；第三，它指一个义项的义素。这里的“义位”取第二种理解。

③ 例如:“启明”和“长庚”指的都是金星，但其词义不同;“月亮”和“月球”所指相同，但可以说“八月十五的月亮最圆”，不能说“八月十五的月球最圆”，二者词义不同（蒋绍愚，2015：147）。

④ 特别是虚词、数词、抽象的名词、动词和形容词等。

⑤ 也常因人、因时、因地、因事而异，如洪堡特曾认为，一个词即使是被当作单纯表示概念的物质符号在具体的场合来使用，它在不同的个人头脑中也难以引起相同的表象。

⑥ 例如“牛”在说汉语的我国南北方人中的表象不完全相同，但是“家畜、耕田、拉车、犁地”可能都出现“牛”的表象。

（三）用法说

词的用法指词的语义、语法、语用等方面的使用规则。持用法说的学者认为：任何时候词都不可能两次用于同一个意义，任何一个词用多少次，就有多少意义（房德里耶斯）；词的真正意义在于观察人们用它时做什么，而不在于运用它时说什么（切斯）；意义是一个形位同其他一切形式在上下文出现的条件可能性（裘斯）。用法说具有可操作性，但是也有其自身的局限，例如：有些词无法通过用法来确定、分析其意义，因为用法包括同义替换、使用对象、使用范围、使用频率、组合特点、分布规则、句法功能、修辞用法等等；一个词的意义比它的用法多出了很多东西，而这些东西是不能加以分析的；有些用法与意义无关；不能解释词义和用法的矛盾[①]；等等。

（四）关系说

关系说也叫“联系说”。持此学说的学者认为词的意义取决于它跟其他词义的关系，即一个语言表达形式的意义等于它跟所有其他词之间可能关系的总和（布龙菲尔德）；认为词是通过概念的中介指示物的，词义是语音和观念之间的相互的可逆性关系（乌尔曼）。关系说的优点是看到了“词—物”之间的中介关系，但也不乏缺点，例如：割断了词义和思维的联系，在词义分析时无法把“关系”或“联系”分离出来，关系或联系并不是词义本身，等等。

（五）行为反应说

行为反应说的代表学者认为意义是“说话人发出语言形式时所处的情境和这个形式在听话人那儿所引起的反应”，“我们一般根据说话人的刺激来讨论和确定意义”（布龙菲尔德语）。但是行为说也有一些

① 例如“美丽”和“漂亮”意义基本相同，但是“漂亮”能重叠，“美丽”不能。

无法解决的矛盾，例如：同一情境，不同的词语有不同的意义；不同的情境，同一词语有不同的意义；对同一词语，不同的人在不同的情境下可能有不同的反应；对不同的词语，同一个人也可能有相同的反应；人只有明白词语的意义才能做出反应，而不是相反；用词语之外的东西来代替词语的意义，而二者没有一一对应关系；等等（参看徐友渔等，1996：68）。

（六）因果说

因果说也常被称为“对应论”“符号说”。持因果说的学者如弗雷格区分了符号所指、符号意义和符号，并绘制了“指称物—含义—记号”三角图式。罗素提出意义的因果论，并强调词所引起的行为效果决定了词义。后来，奥格登、理查兹发展出“语义三角说”（见图2–1），由传统语义学的“对应论”转向了现代语义学的“三元论”。不过，也有学者批评“三角关系说”，认为该学说把“事物”这一非语言要素包括在词义中了（乌尔曼）。

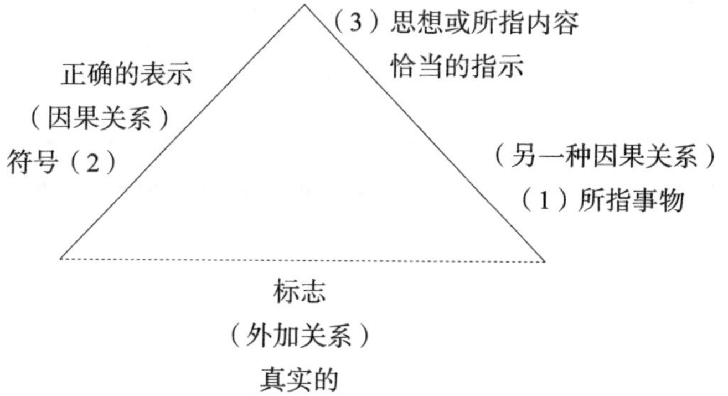

图 2–1

（七）概念说

持概念说的学者，如索绪尔认为语言符号的所指是概念，洪堡特认为词语是指称事物的概念，萨丕尔认为词是一个概念的符号性的语言对应物等。王力（1958：564）亦曾指出："词是能表者（它能表示一个概念），概念是所表者（词所表示的是它）。"高名凯（1963：202）也认为"语义和概念并不相等，但是语义是以概念为基础的，是概念在语言中的表现形式"等。任何语言都有相当多的词（尤其是术语）是表示概念的[①]，但是，有无只属于某一社会甚至只属于某一时代的社会的概念呢？倘若回答是否定的，那就无法解答一些比较棘手的问题。例如，"黄肠题凑"在中国古代表示一种葬式，西方是没有的，而现代中国人理解起来也会发生障碍。这样的概念只属于中国古代某一时代的社会。所以，概念说也有其自身的缺点，表现在：以哲学范畴代替了语义范畴[②]；词义是信息交际单位，概念是思维单位；除概念外，还有很多词不表示科学概念[③]；等等。

（八）反映说

反映说主要是在20世纪50年代以来流行于苏联和中国，该说认为词反映出人们如何理解现实的某一部分以及该部分与现实中其他部分的关系，反映出在一定时代中社会和人民是如何理解它们的（维诺格拉多夫），词义是对象、现象或者关系在意识中的一定反映（斯米尔尼茨基），词正是现实现象和人类精神生活的反映（布达哥夫），词义所代表的其实并不是某种事物或现象，而是这些事物或现象在人

① 概念一般被认为属于思维的范畴，是属于全人类的，与属于民族的语言相对。绝大多数的概念是属于全人类的这一点应无疑义，否则不同民族间就不可能存在着用不同的语言进行翻译，而后大家可以彼此理解的现象了。

② 与概念相比，语言具有较强的物质性。这一物质性就表现在用以将语义固定下来的物质形式——声音形式、书写形式上。与语言相比，概念所表达的是理性的内容，它不像语言的词义那样还要再分为理性的意义、感性的意义。

③ 用于一般场合的只表示普通义的词，如水、米、喝等，只表示情感的叹词，表示语气的词等等。

们意识中的一定反映（岑麒祥，1961），词义就是某一语言的词汇系统中和词的语音形式相结合的、人们对客观对象的概括反映（高名凯、石安石，1963：113），意义是外界事物在人的脑子里的反映（吕叔湘，1980：62），等等。不过，这种观点未理清词义反映和概念反映的异同，未注意到词义的语言系统性和民族性，也有其自身缺陷：不同的人对事物的反映包含其个人的理解、认识和评价取舍；对同一事物也可以有不同的反映；随着社会的发展变化，词义也会发生变化；等等。

（九）四角说

四角说推进了语义三角理论。70年代末苏联语言学者梅利尼科夫从“语义四角形”角度来说明了词义，即符号—符号映像—所指物映像—所指物。80年代诺维科夫从“符号—意义—概念—对象”四元素的角度来说明词义（见图2–2）。这两个学说都注意到了词义和概念的异同，但是都有把复杂的词义简单化之嫌。

图 2–2

（十）五因素说

这一学说认为词义形成的五个因素分别为词（语音）、音响、联系、客观对象的反映、客观对象（戈洛文）。该观点注重音响和客观对象之间的联系——词义，提出了跟“音响形象”对应的“物的反映（形象）”，而其不足之处是没认识到“反映”的差异和“联系”的差异

（见图 2–3）。

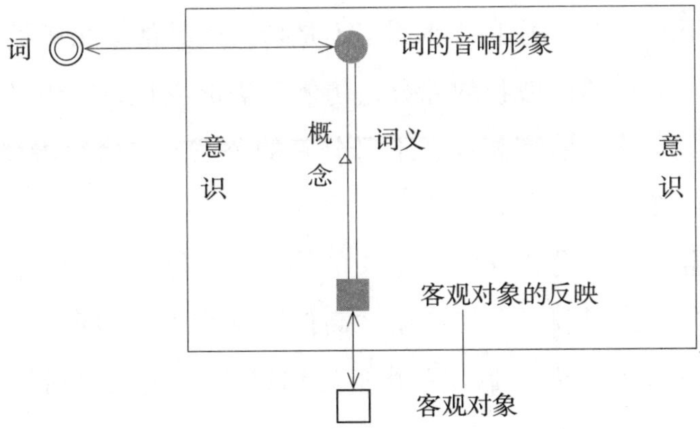

图 2–3

上述各学说分别从自身的理论观点阐述词义，各自以其合理内核帮助人们从不同视角认识词义。我们认为，词义是动态的，这是它的一个很重要的特性。不仅是因为它从无到有一直处于运动状态，而且更重要的是它的存在状貌也并非静态的。词义这种因使用而动态存在的样态可表现在如下几种情形中：

（1）定指义和非定指义。义有定指，说的是一个词语的指称范围是一定的。这个一定，多数是因使用既久演化而成。例如，“死缓”是“死刑，可不立即执行”的另一种通俗的说法，即“死刑，缓期执行”。既然说“缓期”，就必须有个期限的交代，在中国目前的刑法中，没有缓期半年、一年、三五年的规定，而只有缓期二年的规定。因此，一说“死缓”，必是缓期二年，是定指的，而这个定指义是在长期的使用中形成的。义无定指，说的是一个词语指称的范围很宽泛，并不一定确指某个事物对象。又如，“虞美人”既可指一年或二年生草本植物，也可以是一种词牌名。

（2）字面义和非字面义。字面义是说组成词的那些字的意义，与其在独立使用时别无二致。例如，“手表”就是戴在手腕上的计时器，“茶杯”就是喝茶用的杯子。非字面义是说组成词的那些字的意义，并非那些字在独立使用时的意义，而是诸字组合后融合的，须整体记忆、理解和使用的意义。例如："鼻翼"不是指人或其他动物鼻子上的翅膀，而是指鼻子下端两侧坡状的部分，仿佛鸟类的翼展；"骨肉"不是说骨头和肉，而是比喻紧密相连、不可分割的关系，二者就像骨与肉一般不可相互剥离。

（3）合指义和分指义。合指义的词，如"江河"指河流，"大小"指尺寸，"深浅"指程度或尺寸，"高低"指程度（表示无论如何和究竟）。分指义的词，如"后妃"指皇后和妃子，"寿夭"指长寿和短命，"增减"指增加或减少，"妍媸"指美和丑。古代的词，无论分指还是合指，予今人的词感都比较强；而现代的词，就不大容易给人们很强的词感了。

（4）隐晦义和联想义。隐晦义是说词义不是直接的、明晓的，而是故意迂回说出，显得不明晰。这一特点常表现在婉辞上。例如"百年"，当它用于叙述与老年人有关的问题，尤其是当它后附"之后"等词时，就产生了"死亡"义，就是一种隐晦义。联想义是说词义并未被宣之于口，读者透过他词所布设下的语境，可联想出该词实际要表明的语义。例如，"捅杀"前即使不出现工具，也可引发人们的正常的联想——被害人是被犯罪嫌疑人用刀等锐器捅死的。

（5）模糊义和非模糊义。词义的模糊性有不少是出于词义自身的要求。当不同的词义所指的事物对象彼此间出现边界交叉的情状时，此词义和彼词义就呈现出模糊不清的情形。例如，在汉语中"青"的颜色意义是模糊的，"青牛、青鸟、青衣、青丝"等词中的"青"为黑色，"青草、青苗、青葱"中的"青"是草绿色，"青天、青海、青花瓷"中的"青"是蓝色。又如，"春、夏、秋、冬"是汉语的四个常用词，但这四个词意义所指的时间起讫点并不十分清晰，我们只能粗粗地划分：一月、二月、三月（或二月、三月、四月）为春，四月、五月、六月（或五月、六月、七月）为夏，七月、八月、九月（或八月、九月、十月）为秋，十月、十一月、十二月（或十一月、十二月、一月）为冬。

（6）特指义和非特指义。特指义是说一个词的基本意义不特指某一点，但因使用既久，其意义发生专化，最终特指某一点而不及其他。词义因使用既久而逐渐专化的例子有很多。例如："臭"本指气味，包括香气和臭气，后来只表示臭气；"祥"本包括吉凶的征兆，后来只表示"吉兆"；"行刑"本来只是执行刑罚，后特指执行死刑；"子嗣"就传宗接代这个范围而言，特指的是儿子。

（7）专化义和泛化义。词的专化义是词义由泛指变为专指。例如："劳改"虽是由"劳动改造"缩减来的，但"劳改"的词义已专化，已非普通的劳动改造；"路线"本是个平常的词，但在特殊年代，人人谈"路线"而色变，其时"路线"的词义已专化为非普通义。词的泛化义则是词义的指称由专指变成泛指，如"诸葛亮"本是人名，是专指，但随着诸葛亮的故事在后世流传中越来越神化，他便成了智慧的象征，因而"诸葛亮"的词义就由专化义变为泛化义了。类似的例子如"李逵、如来、西子、秦桧"，它们在历史上也都是专词，后来逐渐衍生出泛化义来。

（8）肯定义和否定义。有一种词，其意义从字面上看是肯定的，可它只用于否定，不可用于肯定，其指称性与目的性是相互偏离的，如"善类（定非～）、或缺（不可～）、容情（法不～）、置喙（不容～）"等。也有一种词，只能用于反诘，如"何干"只能出现在"与你何干"等类似的语境中，而"老几"只能出现在"你算老几"等类似的语境中。

二、词义的结构

结构是由单位和关系构成的。在考察某结构、比较某个不同的结构时，要时刻注意从两方面着手：一是看该结构包含哪些组合成分，二是看这些组合成分之间是怎样组织成一个结构的。就词义结构而言，我们需要关注义项、义素和语义场三方面的问题。

（一）义项

一个词汇单位可称作一个词项。一个词项必定具有一个及以上的意义单位，其中一个意义单位称作一个义项。在词汇单位初创时期，其所具有的意义一般都是单一的，即一个词汇单位只有一个义项。这样的词汇单位称作单义词。随着语言的发展变化，不少词汇单位逐步成为具有两个或两个以上义项的词汇单位。这样的词汇单位称作多义词。例如，“化装”被《现汉》收作多义词，具有两个义项：

> 动 ❶演员为了适合所扮演的角色的形象而修饰容貌。❷改变装束、容貌；假扮：～舞会 | 他～成乞丐模样。

多义的词汇单位，不止词这个层级：字有多义的字，固定短语也有多义的固定短语。字如“怯”，《现汉》共收有 4 个义项，如下：

> ❶胆小；害怕：胆～ | ～场。❷ 形 北京人贬称外地方音（指北方各省）：他说话有点儿～。❸ 形 不大方，不合时；俗气：这两种颜色配起来显得～。❹缺乏知识；外行：露～。

固定短语如“旁若无人”，2002 年出版的《新华成语词典》[①] 收有 3 个义项，如下：

> 好像身旁没有其他人一样。❶形容自行其事，不为他人左右。《史记·刺客列传》：“高渐离击筑，荆轲和而歌于市中，相乐

---

① 2012 年出版的《新华成语词典》删掉原 2002 年版本的第 3 个义项，减为 2 个义项。

也，已而相泣，旁若无人者。”…… ❷形容态度傲慢，目中无人。《北齐书·平秦王归彦传》：“归彦既地居将相，志意盈满，发言凌侮，旁若无人。”…… ❸形容态度自然，无拘无束。《东周列国志》八一回：“恒知子贡乃孔门高弟，此来必有游说之语，乃预作色以待之。子贡坦然而入，旁若无人。”

需要指出的是，语言的发展并非必然带来义项的增多，也并非必然使单义词变为多义词。不少词汇单位已有不短的历史，但仍是单义词，如“判罪、神圣、通敌、殉难”等。此外，对一个词汇单位来说，也不是词长越长，义项就越多；词长越短，义项就越寡。从各种类型的词汇单位的意义角度考察，似乎越是字数少的词汇单位（词长短的词汇单位），其义项越容易是多项的；越是字数多的词汇单位（词长长的词汇单位），其义项越容易是单一的。例如“打”这个多义字，《现汉》为其设了26个义项，而“第二次国内革命战争”这个九字词汇单位，就只是个单义词。

（二）义素

义素指的是一个字词意义构成的成素。它不是字词意义运用的单位，而是字词意义分解研究的单位。例如“帽子”，我们可以对其意义进行分解，得出至少如下三个成素：+戴在头顶上的；+用棉、布、纱、草等材料制成的；+御寒、遮阳、挡雨用的或起装饰作用的头衣。又如“直升机”，我们也可对其意义进行分解，得出至少如下各成素：+由安装在机身上部的螺旋桨操控垂直起降；+由安装在机身尾部的推进器推动行进；+可在小面积场地起降；+可在空中停留并做水平旋转的航空器。也有人将义素再进一步分为理性义素和感性义素。所谓理性义素，就是对字词指称事物对象起决定性作用的义素，如上面“帽子”的三个义素和“直升机”的四个义素都属于理性义素。所谓感性义素，就是对字词指称事物对象不起决定性作用而只起陪衬性作用的义素，如形象色彩、感情色彩等各种各样的色彩，就是这种感性义素。义素也常常称作语义成分、语义特征。但语义结构成分分析的目标是比较不同词语语义结构的异同，是否要分析出最小构成成分并非问题的根本，但是义素却是语义结构中最小的语义构成成分。

20 世纪 40 年代，丹麦语言学者叶姆斯列夫（Hjelmslev）首先提出了对词义进行分解的“义素”分析设想。50 年代，美国人类学者借鉴语音学的特征分析法（音位分析法）对美国印第安语言的亲属词做了义素分析。[①] 义素分析法是把语言的最小的音义结合体再分解成若干个意义成素，用作语言分析比较的最小单位的一种语义分析方法，它被看作是词汇研究告别传统进入现代的标志[②]。其基本步骤是：

第一步：确立所有义素。将意义上有某些共同特点的一组词的词义结构分析成一个一个的义素。

第二步：提取共同义素。运用对比的方法，把这组词的词义结构中两两之间共同的义素提取出来。

第三步：标记对立义素。运用对立关系将具有相反或相对关系的义素区别出来，相互对立的义素只取其中一方为对立义素标记，然后用“+”表示具有某种语义要素，“–”表示不具有这个义素，“±”表示某个义素可有可无，是否列出这一项，关键看这个义素在所对比的这组词中是否有作用。

第四步：组合相关义素。将分析出来的相关义素组合起来，形

---

① 60 年代初，美国语法理论学者卡茨（Katz）等人首先把义素分析方法引入转换生成语法研究之中，使句法的形式化与语义的形式化更紧密地结合起来。70 年代，英国语言学者莱昂斯（Lyons）和利奇（Leech）从不同角度对义素分析法做了深入的探讨。在法国、德国、苏联等地，也都有学者探讨和运用这种方法。

② 我国语言学传统的词义分析方法大多采用形训法、声训法、同义词相训法、互文见义法、界说法等。

成一个相互区别的语义特征组合，列出义素分析矩阵图。例如，“哭、泣、号”的义素分析矩阵图为：

哭［+有泪 ±声音大］

泣［+有泪 -声音大］

号［-有泪 +声音大］（施春宏，2018：159）

20世纪70年代末义素分析法传入我国，我国学者开始借鉴这种方法分析汉语词汇[①]。不仅表现在对汉语亲属词语和军衔词语的研究上，还体现在如下四个方面的研究中。第一，对同义现象的研究，包括对什么是同义词及同义词与近义词的区分、语法属性与同义聚合等问题上，如刘叔新（1982）把义素分析法用于对词汇同义现象的研究，对“行为、行径、行动”和“英勇、神勇”两组词内各个词相互间在义素上的异同做了具体分析。第二，对反义现象的研究，包括对什么是反义词、言语反义词、对义词、对比聚合和反义聚合、反义关系等的研究[②]，如石安石、詹人凤（1983）强调反义单位“必须在某一个语义成分上相反，而且只在某一个语义成分上相反”。第三，对词的多义性和词义的发展变化研究，如蒋绍愚（1985、2015）运用“义素”概念探讨了词义发展变化的规律，透彻地阐明了前人一直纠缠不清的词义“扩大”“缩小”“转移”“易位”等概念；张联荣（1992）用义素分析法探索了多义词的本义与引申义之间的内在关系，提出“遗传义素”的概

① 周绍珩（1978）把义素分析法介绍到中国，为词义研究提供了新的思路和新的途径，对汉语词义研究产生了重要影响，并使之有所推进。高名凯（1962）借用音位和音素概念探讨了语言中的语义成分——义位与义素，指出语言中最小的语义单位是义位，构成一个义位的语义成分称为义素，义素组成义位受具体语言在一定时期的语义系统制约。

② 直接用“义素”这一术语的论述不多，但受义素分析法的影响，研究思路、研究方法有了很大拓展。

念[①]。第四，对词语的表达色彩的研究，如刘叔新（1982）对义素进行了细致的分类，认为“义素分理性义素和感性义素两大类；理性义素又分主要的和次要的两种。两个词义，只要有一个主要的理性义素不同，就说明在外延和内涵上都不一致，即各反映不同的对象。……次要理性义素是‘意味’的成分，只反映事物的一般特点，不造成外延的差异。感性义素就是表达色彩，与意义的内涵、外延无关”。早期的词汇研究中关于表达色彩性质的认识比较模糊，义素分析法的引入使人们对词语表达色彩的认识上升了一个台阶。除此之外，义素分析法在词语组合规律方面、对同源字词的研究和动词的语法化研究等方面也有推动[②]。

（三）语义场

二十世纪二三十年代，德国学者伊普森（Ipsen）、特里尔（Trier）

---

① 这一研究使词义引申的分析更加细化。甲义引申为乙义，甲乙两个义素之间必然有共同部分，如《说文解字》：“争，引也。”段注：“凡言争者，皆引申之使归于己。”“争”的本义是同别人争夺一件东西。由“争夺”这个义素引申出新义“竞争”。“遗传义素”概念对研究词义的引申有重要启发意义。

② 其为词语组合规律提供一目了然的依据，如之所以我们说“树死了”而不说“转椅死了”，原因在于“树”具有［+有生命］这一义素。对同源字（词）研究的推动表现在：一个义位至少有两个义素，一个是区别义素，一个是共性义素，对于同源字（词）来说，共性义素使它们聚合在一起，区别义素又使它们互相独立，显示出个性。例如，汉代《释名》探讨词语命名的缘由，采用的方法是声训，义素分析法有助于辨析：《释言语》：“消，削也。”消的本义是水之减耗，削的常义是用刀斜切使之减损，二者的共性义素是减损。消削，心母双声，药宵对转，为同源词。对动词的语法化研究的推动表现在：提出了“语法义素”概念，为深入细致地描写语法化的过程提供思路。例如，“益”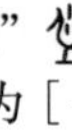，本义是水漫出来，理性义素构成为［+水］［+溢出］，累加则水溢，语法义素为［+累加］。该语法义素又隐含并依次派生两种更深层次的义素，一是［+累加］到［+程度深］，二是［+累加］到［+渐进］。在虚化的过程中，动词“溢”的变化也依循着这两条路线。若侧重于［+程度深］，就生成表示情况进一步发展的语义；若侧重于［+渐进］，就表示某种情况和状态的逐步形成（徐天兴，2013）。当然，义素分析法本身有它的弊端和局限性，学者们也清醒地认识到了这一点。

先后提出了语义场、词汇场学说。语义场指的是语义系统中固有的完整的集合，即具有某种相近语义的语言单位构成的一个集合，其构成以共同的语义特征为基础，至少要具备三个因素：语义相近的词项、词项间的逻辑关系、语义场间的联系。80年代以后，我国学者在运用义素分析法分析词义的同时，也开始借鉴语义场理论来分析汉语词汇，开拓出词义研究的新领域[①]，表现在两个方面。第一，为汉语的语义结构和语义体系的研究提供了依据和方法。梅家驹等（1983）基于语义场理论研究汉语同义词词群，把汉语词语分为12大类、94中类、1428小类，3933个标题词。符淮青（1988，1989）从构成、意义内容、意义关系、上下位关系等方面分析了现代汉语中表示“红”的颜色词群同古代汉语的不同，探讨了汉语语义场的历时演变、语义场的层次以及语义场的内部关系。贾彦德（1992）结合训诂学和结构语义学理论研究汉语的语义现象，探讨了语义单位、语义系统、义素分析法、语义场、句义等问题，重点阐释了语言学中语义研究的意义，并运用大量的汉语语言事实分析了义位与同一语义场中其他义位的相互联系与制约，研究了汉语语义场的历史演变。第二，对词项语义特征的分析、词汇的历时研究等有重要启示。詹人凤（1997）运用语义场理论探讨了汉语的语义现象，分析了现代汉语语义的层次性、语义层级单位的特点等，研究了同义、反义、类属等语义聚合体，探讨了自指和转指、合成词的语素组合等等问题。这一研究既借鉴了结构主义理论，又传承了汉语语义研究的传统，深化了对汉语语义单位的系统性和层次性的认识。叶蜚声、徐通锵（2010）指出语义场与语义特征相互联系，语义特征为不同语义场的聚类和网络关系提供了理据，语义场的研究

① 我国传统的分析语义的方法，多是以一两个词为中心，或者探究词的意义的历史发展，或者分析几个词之间的意义关系。

又反过来为语义特征的提取和其在语义层级网络中位置的确定提供了依据。

三、字义和词义的关系是怎样的?

汉字成熟以后，其主要职能是记录汉语，因此汉字与汉语必然有对应关系。词是由字与字构成的，词义与字义存在着一定的关系。二者既有联系，又互相影响，探讨字词关系不仅是中国传统语文学的核心，也是汉语词汇学和文字学常做常新的一个重要话题。但古时的字和词的区分并不明晰，表述字词关系的术语也不成系统，更缺乏历时的演变考察和动态的社会分析，字词关系研究存在很多问题，尤其汉语早期的字词关系的复杂性远比我们想象的要高，有待现代学术研究予以推进[①]。本节参照已有研究，首先按照汉字记录语言单位的情况，将字义和词义的对应情况分为三类：第一，当一个汉字记录一个汉语词时，字义和词义通过思维直接发生联系；第二，当一个汉字记录一个非词词素时，字义和词义失去直接联系，但字义可以以词素义的形式参与词义的整合；第三，当一个汉字记录一个基本不表义的汉语音节时，字义与词义的关系走向淡化。具体可表现为四个方面。第一，字义和词义基本相当。例如“睡”，《说文》云：“睡，坐寐也。从目、垂。”“目、垂”会意，表示“坐寐”的样子，其字义和词义基本相当。第二，字义是对词义的形象化展示。例如“迅”，《说文》云：“迅，疾也。”字义是鸟急飞的情状，用来表示词义中体现的人对于速度的感知。第三，字义中包含着词义多种引申的可能性，即字义可以引发主体不同角度、不同层次的联想，这些联想在语言中如得以实现，

① 该观点引自李运福、刘钊等在“第三届汉语字词关系学术研讨会”（2023 年 7 月 19 日至 22 日，东北师范大学）上的发言。

词义就发生引申。例如“企”,《说文解字》云:“企,举踵也。从人,止声。”段玉裁注:“从人、止。”从字形看,企有“举踵”义,即踮起脚跟,可以引申出“望”义,又引申出“仰慕”义。“企”的字义引发主体关于动作、目的以及情境等不同角度的联想,这使得词义引申成为可能。第四,当汉字记录的词以成词词素身份构造新词时,字义通过词素义发挥作用,参与到词义的整合中去。例如“海”作为词出现时,词义可以为“大洋靠近陆地的水域”,当它作为词素出现在“海洋、海水、海面、海岸”等词中,词素义和词义保持一致;而当它作为词素出现在“人海、花海、云海、题海、商海、苦海”等词中,它的词素义是“具体或抽象的、像海一样的事物”。如果我们从“海”字的字义来看,会发现在其部首形式中,已经蕴涵着“与水相像之物”的义类。①

字义,尤其是字义中的基本义,一般是固定的。由基本义衍生出来的意义,有的只是在指代某一事物时具有指代性。例如《现汉》收入的“汇^{2}”,其基本义是“通过邮局、银行等把甲地款项划拨到乙地”,由此基本义衍生出来的“指外汇”的衍生义是指代性的。指代性的意义同样可以用于构词,如“汇”的指代义就可以构成“换汇、逃汇、套汇、现汇”等词。此外,还有四种情况需要注意。

(1)词中字的意义不一定仍是原字的意义。例如,“资”是个多义字,其中的“钱财、费用”的义项常常被用在组词中,如“资产、资财、侨资”。但是“欠资”的“资”虽也用的是“钱财、费用”的义项,却并不能表明其所要表示的“邮资”的意思。“欠资”中的“资”意义已经专化为“邮资”的“资”了。又如,“头”本义是“人身最上部或动物最前部长着口、鼻、眼等器官的部分”,但是由于“烫头、剃

---

① 当然,可以单独成词的语言成分在以词和词素两种身份出现时,其意义有时基本保持一致,有时是有差别的,即其词义和词素义不尽相同。详参魏慧萍(2004)。

头、平头、背头”等词语的经常性的使用，“头”已增加一个指称性的义项——“指头发或所留头发的样式”。再如，“地”（dì）字在《现汉》收有14个义项，但却没有一个是“地铁”的“地”的意义。“地铁”的“地”是“地下”的意义，而不是“土地”等其他意义。复如，“背诵”的“背”本无“背诵”之意，只有“转过身去”的意义，但是由于经常性地与“诵”组合才衍生出“背诵”的意义。

（2）绝大多数词的构造成分——字，其所表示的都已不是实际的事物，而需意义中转。但是，也有一些词中的字所标示的就是实际的事物，未经中转，如“勾乙”中的“乙”、“画押”中的“押”、“叫停”中的“停”、“叫好”中的“好”、“合十、十字”中的“十”、“画到、报到、签到”中的“到”、“点卯、应卯”中的“卯”、“略识之无”中的“之”和“无”、“目不识丁”中的“丁”。这些词可称为摹形词。

（3）有的词形成于古代，构成该词的某个字的意义不能按照现代人通常理解的那样来理解。例如，“听政”的“听”是“治理、判断”的意义，而非现代“用耳朵接受声音”的意义。又如，“知宾、知府、知客、知事、知县、知州”的“知”是“主管”的意义，而非现代的“知道”的意义。再如，“去”在现代汉语中的基本义是“往、赴”，但在古汉语中其基本义是“离开”，“去世”一词沿用至今，其中的“去”字正是古代汉语中的“离开”的意义。

（4）有的词，用于组合的字意义因省略而模糊。例如，“烧纸”的“纸”本没有“纸钱”的意义，但是为了双字格的需要，语言社会选择了“烧纸”而没有选择“烧纸钱”。又如，“野”是个多义字，用它与他字组合产生出来的词，因字义不同致使词义也会不同，如“野猪、野鸡、野鸭”和“野狗、野猫、野狼”。有的词，造词时还要使所用字起到别词的作用。例如，Australia 译成汉语作“澳大利亚”，简称“澳”，而 Austria 译成汉语作“奥地利”，简称“奥”。之所以会如此，大概是为在合称“中 X”时易于区别——合称“中澳”时是中国和澳大利亚，合称“中奥”时是中国和奥地利。又如，“俄国”专指沙皇时代的俄罗斯，而苏联解体后的俄国则用“俄罗斯”来指称。其实“俄”就是“俄罗斯”的简称。构词所用的字也未必就一定是现代常用的，有时为了语体的需要，可能会用上现代不太常用的字。[①] 例如，竞技比赛的一个专门的名称是“速射”而不是“快射”，之所以用“速”不用“快”，恐怕与语体有关。造词运动中亦可能产生出新字，从而构成新的组合。例如，“外甥”本写作“外生”，《三国志・吴书・陆逊传》载：“逊外生顾谭、顾承、姚信。”[②]

第二节　各式各样的词义

科学的基本特征之一就是分类和分析。尽管词义的分析相对纷繁复杂，但是学者们还是进行了一些有益的探索，如石安石（1993：11）介绍了词义的三分、双重二分和多分法，刘叔新（1990：184–187）将词的意义分为理性意义和感情意义，蒋绍愚（2015：116）提出了“二次分类说”等。前面我们提到了词义因使用的分类，除此之外，词义的类型还可以从词义的内容、词的义项之间的关系等方面来看。

---

① 此外，一些构词的字的意义常常因为词使用既久而被人们逐渐淡忘，但是也有重被人们提起的情形。

② 汉语的字义与词义存在着一定的关系，其他语言的字义与词义同样存在着一定的关系。例如，英语的 history 据说是由 story 衍生出来的。这也不难理解，历史其实就是由一个个故事串联而成的。任何一种语言的词语都会存在理据问题，只不过有的显有的隐，有的你能意识到有的你意识不到或尚未意识到罢了，如英语的词 obstetrician 意为“产科医生”，但内部形式却是“最贴近她站着的人”。

一、本义和引申义

词根据义项的多少可以分为单义词和多义词。多义词的各个义项之间往往具有某种联系，但性质并不相同。根据词的义项之间的关系，词义可分为本义、基本义、引申义、比喻义、原始义、基础义等。

（一）什么是本义？

本义是一个词本来的、最初表示的意义。例如“深”，“水深”是它的本义，其他义项如“指由外到里的距离程度（深山）”“表示时间长的程度（深夜）”“表示颜色浓的程度（深色）”“表示人的心理状态（深思）”等，都是由“水深”这个本义发展而来的。又如“月”，其本义是“月亮”，其他义项如“计时单位”“每月的”等都是从这个意义派生出来的。有的词本义已经消失，在一般词典中不再把它列为义项，如“轨道”的本义是“遵循法制”，而今只在阅读古籍时才会了解到。有的词本义保留至今，但只作为语素义义项出现在所构成的合成词或固定短语中，如“兵”的本义是“兵器”，只作为语素义义项存在于“短兵相接、秣马厉兵”等词汇单位之中。还有一部分词的本义到现在仍然常用，成为其基本义，如“割”的本义是“用刀截断”，现在我们也常常说“割草、割舍”等。

（二）什么是基本义？基本义和本义的关系是什么样的？

基本义是从词的义项是否常用的角度来看的，往往是指一个词汇单位诸多义项中最为常见、常用的那个义项，如“封”的基本义是“封闭”，“走”的基本义是“人或鸟兽的脚交互向前移动”。基本义和本义不同：本义是与派生义相对而言的，是从词义发展的角度分析的；基本义是与一般义相对而言的，是从词义使用频率的角度来分析的。有的词本义和基本义一致，如前面所举的“割”的本义是“用刀截断”，现在我们也常常说“割草、割舍”等，此时本义和基本义是一致的；但有的词基本义和本义并不一致，如前面所举的“兵”的本义是“兵器”，但其基本义是“军人”，此时本义和基本义不一致。总体而言，本义和基本义不一致的情况更为常见。

（三）什么是引申义？引申义和比喻义、借代义是什么关系？

引申义是指一个词由本义推演而形成的意义，如“发”的本义是“出，送出”，引申出“生出（发芽）”“产生（发电）”“放出（发光）”“说出（发誓）”“显现（发红）”等义项。义项增多所凭借的方法主要有两种，一种是一般的推衍，另一种是特殊的推衍——即凭靠着某种修辞手段来产生新义。靠一般推衍产生新义的方法叫引申法，所产生出来的意义叫引申义。例如，《现汉》中“化装”的义项❷（“改变装束、容貌；假扮”）就是在义项❶（“演员为了适合所扮演的角色的形象而修饰容貌”）的基础上推衍引申出来的。靠特殊推衍产生新义的方法主要是比喻法和借代法，靠比喻法产生出来的意义叫比喻义，靠借代法产生出来的意义叫借代义。靠比喻法衍生出多义的词汇单位，如《现汉》中“心脏”有两个义项：“❶心”“❷比喻中心或最重要的部分”。义项❷就是在义项❶的基础上靠打比方的方式产生出来的，是比喻义。又如，“口”的本义是“人或动物进食、发声的器官”，后来用“口”来比喻“关隘、容器通外面的地方、出入通过的地方”等，于是它们就都成了“口”的比喻义。靠借代法衍生出多义的词汇单位，如《现汉》中“门房”有两个义项：“❶大门口看门用的房子”“❷看门的人”。义项❷就是在义项❶的基础上通过借代法产生出来的，是借代义。又如，“白领”和“蓝领”本来都指衣服的颜色，而由于某些人经常穿着某种颜色的衣服，通过借代用法，“白领”和“蓝领”便分别用来指“从事脑力劳动的职员”和“从事体力劳动的职员”。再如，“舌头”这个多义词的两个义项中，“指为侦察和了解敌情而活捉来的敌人”的意义是在“辨别滋味、帮助咀嚼和发音的器官，在口腔底部，根部固定在口腔底上”的意义的基础上靠借代的方式产生出来的借代义。比喻义、借代义，其实也都是引申义，只不过它们是凭靠某种特殊的修辞手段衍生出的特殊的引申义。

（四）什么是基础义？基础义、本义、原始义有什么不同？

任何一类引申义，都是相对于该引申义所从出的意义而言的。引申义所从出的意义，叫基础义。基础义和本义、原始义还不是一回事。本义是一个字词语单位本来的意义，是从词义发展的角度来分析的，是相对于其他转义而言的。例如，在“涩”的诸义项中，“像明矾或不熟的柿子那样使舌头感到麻木干燥的味道”是其本义，而“磨擦时阻力大；不滑润”的意义和“（文句）难读；难懂”的意义都是在本义的基础上发展出来的。本义是一个多义的字词语在诸个义项中现实存在的一个根本的意义，它多是派生其他意义的意义即其他意义多是从这一意义派生而来的。原始义是一个词汇单位可以被考求出来的最初的意义，如“兵”的“武器”义、“脸”的“颊”义、“行”的“大路”义、“防”的“河堤”义。原始义是相对于后世衍生出来的转义而言的，原始义不见得就是一个多义的字词语现实存在的那个最初的意义，也可能是今天某个字词语古时就已死亡了的意义；而当原始义在一个多义的字词语中现实存在着的时候，它就是这个多义的字词语的最早的、最根本的意义，也就是本义。[①] 原始义未必就是派生其他意义的意义，其他意义可能为非原始义所派生。例如，“年”在《现汉》中列有11个义项，多数义项是由“时间的单位，公历1年是地球绕太阳一周的时间”这个义项派生的，但此义项却非“年”的原始义。“年”的原

① 有些字（词）本义湮灭，另外的意义取代本义成为原始义，如“权”在《说文解字》中释为：“黄花木也。”这应该说是它的本义，但古书中找不到例证，而后“秤锤”成了“权”的原始义。

始义是“五谷熟”,《现汉》所列“年”的第7个义项“一年中庄稼的收成”收的即其原始义。

二、理性意义和感性意义

语言系统中的词义包括词汇意义和语法意义两大类。从词汇意义的角度来考虑，词义的类型主要包括理性意义和附着在理性意义上面的感性意义。

（一）什么是“理性意义”？

词语的理性意义是指词汇单位就客观对象反映出的本质内容，是义位中理性的、本质的内容。对于绝大多数的词语来说，理性意义是不可或缺的。理性意义可以是词汇性的，亦可是语法性的，只要其所反映的是客观对象的本质内容。例如，“蛇胆”的“中药上指蝮蛇的胆，有清热、杀虫的作用”以及它的“常在句中充当主语、宾语，能为数量结构所修饰”等，“清扫”的“彻底扫除”以及它的“常在句中充当述语；可以ABAB式重叠”等，就分别是这两个词的理性意义。理性意义为绝大多数的字词语所具备，可以独自构成一个义位，是区别于其他事物的本质特征。词典中的释义主要是词的理性意义，但一些词语到后代可能会发生理性意义的变化。例如，宋·欧阳修《醉翁亭记》载:“野芳发而幽香，佳木秀而繁阴，风霜高洁，水落而石出者，山间之四时也。”该例中“水落而石出”本指水位下降后石头显露出来，后用以比喻事物真相完全显露，如在“如今这事，八下里水落石出了”(《红楼梦》) 便是此意。又如，“每下愈况”出自《庄子·知北游》，原比喻越是从低微的事物上推求，越能了解到真实情况，后用以指情况越来越差，又作“每况愈下”。

（二）什么是“感性意义”？

词义中所反映的客观对象本质之外的某些性质特点的内容称作感性意义。感性意义是与理性意义相对的，表示某种倾向、情调或风格的，并不一定为每个字词语所具备，也很少能够独立构成一个义位。由于它是附着于需要它附着的理性意义之上的意义成分，所以也叫附属义。例如，“毛骨悚然”的理性的、本质的意义内容就是害怕，但是它还添附有“汗毛炸起、胆战心惊”的感性的、非本质的意义内容，这就是其感性意义。多数情况下，感性意义所指的就是表达色彩[①]，所以也叫“色彩义”。词的色彩义类别很多，主要包括感情色彩义、形象色彩义、语体色彩义、时代色彩义等。

1. 感情色彩

词的感情色彩指词义所表现出来的某种情感倾向、主观评价，是附着于理性意义之上的感情评价。又可分为几类：褒义词语和贬义词语、敬谦词语和骂詈词语、委婉词语、谑词。

（1）褒义词语和贬义词语。语言中表示褒奖的词语，叫褒义词语，又叫褒词，俗称“好字眼”；语言中表示贬损的词语，叫贬义词语，又叫贬词，俗称“坏字眼”。褒义词语、贬义词语合称褒贬词语。无论是褒词还是贬词，它们都有可能在日后的使用中发生变化。例如，宋·陆游《老学庵笔记》载：“今人谓贱丈夫曰‘汉子’……北齐魏恺自散骑常侍迁青州长史，固辞之。宣帝大怒曰：‘何物汉子，与官不受！’”陆游记录的北齐时代的“汉子”是对“贱丈夫”的称谓，带贬义色彩，如今则为中性词，无论好汉、赖汉都称“汉子”，甚至还有称女人“女汉子”的情况。又如，唐·杜甫《醉时歌》载：“诸公衮衮登

① 少数情况下，它也可指语气这样一种次要的意义内容，如夸张语气、假设语气。

台省，广文先生官独冷。”其中前半句意为诸位大人先生相继成为辅弼大臣，后用“衮衮诸公”指众多的高官，如宋·韩元吉《挽王侨卿右司词》：“壮年嘉誉蔼瀛洲，衮衮诸公并俊游。”到了现代，这个词语已演变为贬义，专指众多身居高位而无所作为的官僚，如鲁迅《致曹聚仁》：“今之衮衮诸公及其叭儿，盖亦深知中国已将卖绝，故在竭力别求卖国者以便归罪，如《汗血月刊》之以明亡归咎于东林，即其微意也。”毛泽东《致蔡元培》：“共产党创议抗日统一战线，国人皆曰可行，知先生亦必曰可行，独于当权在势之衮衮诸公或则曰不可行，或则曰要缓行……”此外，诸如“述而不作”（《论语·述而》：“述而不作，信而好古，窃比于我老彭。”）、“断章取义”（《左传·襄公二十八年》：“赋诗断章，余取所求焉。”）等在形成的时代似乎都不具后世的贬义；而“事迹”本无褒赞色彩，如今却已不可用于贬抑的场合——《现汉》释义时虽释为“个人或集体过去做过的比较重要的事情”，但所举例子为“生平～|模范～”。

当然，褒贬词语除褒词褒用、贬词贬用之外，尚有褒词必须贬用、贬词必须褒用的情形。例如：“善类、尊容”等表面上看是褒词，但它们却只能用于贬责；“狗不理”表面上看是个贬词，但它却是个商店的字号，用意绝对是褒的。当然，还能见到褒词（或非贬词）临时性的贬用或贬词（或非褒词）临时性的褒用的情形。

（2）敬谦词语和骂詈词语。敬谦词语包括用于敬称的字词语和用于谦称的字词语，前者如“台、呈正、赐教、奉托、宽衣、屈驾、台甫、玉照”，后者如“忝、承乏、痴长、刍议、菲仪、家严、犬子、小女、梼昧”。敬称词语不见得只是对活人使用，对死去的人亦可有敬称词语，如“享年、归道山”。跟敬称词语接近的是客套词语（客套话），如“劳驾、赏光、恕罪、叨光”。跟谦称词语接近的是自称词语，如“未亡人”是寡妇的自称词语，却难以说成是谦称词语。有些敬谦词语适用的对象面很窄，只能用于极少数的人，如“陛下、寡人”，而大多数敬谦词语适用的对象面很宽，不局限于少数的个别人。尊卑观念和敬谦态度在许多语言中都有反映。汉语词汇里，尊卑观念、敬谦态度对词语的构造、使用与存废等都有一定的影响，它们也折射出词汇发展的状貌（详见周荐、王铭宇，2022）。骂詈词语，又叫粗话、粗口话，是为泄愤而叱骂他人所用的词语。现代人常说的“混账、王八蛋”就属于骂詈词语。骂詈词语有的历史悠久，有些可能只在某个较为狭小的区域内流行，带有一定的地方性；有的具有侮辱性，如“喷粪、鼠辈”；有的具有叱骂性，如“滚开、混蛋”；有的在一定语境条件下是为了表示爱慕、疼爱等感情，如《红楼梦》中贾母笑骂身边的晚辈女性为“小蹄子”，旧戏曲中的女主角娇嗔地责骂男主人公为“冤家”，还有我们日常听到的伙伴之间互称“家伙”，家庭主妇笑骂丈夫“挨千刀的”之类，也都不是为泄愤而说出口的骂人的话。也有一些表面上看是骂詈性的词语，实际上却是保护性的，如北方农村一些家庭的老人担心孩子养不大，故意给孩子起一个不好听的名字，如“狗剩、臭臭”之类。《现汉》中收录了一些骂詈词语，如“扯淡、扯臊、滚蛋、贱货、放屁、鼠辈、懒骨头”等。

（3）委婉词语。委婉词语是将不能或不好直说的事以较为委婉的方式表达出来的词语，简称“婉辞”。婉辞的使用，是一种词用，很多词典都对其给予了关注，如《现汉》就收取了“挡驾、归天、归西、作古”等一些婉辞并做了标注。婉辞习用久了容易变得不委婉或不够委婉。例如，“出恭”源自“出恭入敬”，以其指如厕，是为婉辞。但是现代人已不觉“出恭”有什么委婉之处，而如厕的意思，现代人有了更新的、更委婉的说法，如“更衣、方便、补妆、去一号”。又如“厕所”，尤其是“厕”，用来指人排泄粪便之所，是个历史较久的词，出自《史记·项羽本纪》：“沛公起如厕，因招樊哙出。”后来“厕所”改称“茅厕、茅房”，再后来又有了“卫生间、洗手间、盥洗室、化妆室”等说法，不一而足。一些词在创造时也会考虑委婉、避讳的问题，如普通话中常常用到的“大变”，在台湾地区习惯被说成“丕变”，因为前者容易使人产生不雅的谐音联想。这是为避开令人难堪或难为情的字音，杜绝因音似而引起其他联想而做出的改变。有的词，不换音而换字，以追求视觉上的差异。例如，“遗矢”的“矢”就是为替换“屎”而使用的，但“矢”和“屎”却并非不同音。有的词，字仍其旧而将其读作另外的音，以追求听觉上的差异。例如，“鸟”古有男阴之义，现代读音也与“屌”一样是 diǎo，但为委婉，人们通常将其按照今天“鸟兽”的“鸟”的读音读作 niǎo。日前，有平台推送了一位缉毒警察与有涉毒史的劣迹艺人的灵魂对话视频，该小视频避讳在字幕中打出“涉毒、吸毒、封杀、禁毒”等敏感词，而以“SD、XD、FS、JD”这些拼音字幕替代之，短短一分钟的小视频，避讳用字八个之多。

（4）谑词。谑词又称戏谑词语、谐谑词语，是以诙谐的口吻开玩笑，以使气氛变得轻松的词语，带有一定的感情色彩。例如，《新编国语日报辞典》（下称《新编》）收“季常癖”一词，释义为：“北宋人陈慥，字季常，很怕太太。因此把惧内的事叫做‘季常癖’。现今用‘PTT’。”“PTT”是“怕太太”的西文字母的缩略，“季常癖”换在大陆要说成“妻管严”，二者的使用都令人忍俊不禁，能产生特殊的语效。又如，人们为表恭敬常将尊长称为“钧座 / 军座”，还有人将参谋长称作“参座”，将师长称作“师座”，将处长称为“处座”，将校长称为“校座”，等等。之所以如此，是为彰显该负责长官地位显赫和尊隆。但港澳一些人士，为表示夫人地位之重要，而敬称太太为“太座”，就显得戏谑性十足了。有时候大词小用或小词大用，是造成戏谑的一种手段。例如“行头”的意义，《现汉》释为：“戏曲演员演出时用的服装，包括盔头、靠、衣服、靴子等。”这是“行头”一词的基本义。但是“行头”还可泛指一般人的普通服装，《现汉》释义为：“泛指服装（含诙谐意）。”这是“行头”一词的引申义。当它用于引申义的泛指义，即称普通人自己的衣服为“行头”时，便是大词小用，这个词便产生了诙谐的色调，具有了谐谑性。《现汉》中收录的谑词，另如“哭鼻子、翘辫子、瘦猴儿、溜之大吉、溜之乎也、一命呜呼、尊容”等。

2. 形象色彩

形象色彩指词义所表现出来的人们对所指称对象产生的形象感，是附着于理性意义之上的形象描写。它可分为两类，一类是视觉形象的，一类是听觉形象的。具有视觉形象色彩的词语，如“佛手、吊钟、佛跳墙、金钱豹”；具有听觉形象色彩的词语，如“咕嘟嘟、呼啦啦、噼里啪啦、稀里哗啦”等。它们常常从以下几个方面来突出、增强事物的形象特征[①]。

（1）形状：

钩吻　烟卷儿　脑桥　鸡冠　蛇岛　驼背　圆规
柳叶眉　鹰钩鼻　美人鱼　梅花鹿　鹅卵石　喇叭花

（2）颜色：

韭黄　虹彩　绿洲　火红　嫩黄　月白
雪亮　铁青　绿油油　海蓝蓝　翡翠绿　玫瑰红
青山绿水　面红耳赤

（3）动态或状态：

摇头　托梦　漏网　打围　转磨　雀跃
骑墙　摊牌　瞻仰　吊兰　垂柳　瘦削
炒鱿鱼　一刀切　悬索桥　碰碰船　袅袅婷婷　冉冉升起

① 部分例子转引自施春宏（2018，152）。

（4）声音：

知了　布谷鸟　乒乓球　萧萧　潺潺　飒飒　飕飕
叮当　扑通　呼哧　哗啦啦　轰隆隆　噼里啪啦

（5）气味：

香干　香草　臭虫　臭椿　臭豆腐　香喷喷　臭烘烘

（6）味道：

蜜枣　蜜月　酸梅　苦果　苦瓜　苦涩　甜酒
酸溜溜　甜滋滋　苦唧唧　辣丝丝　咸津津

3．语体色彩

语体色彩是附着于理性意义之上的由于经常出现于某种场合而形成的风格色彩。可大致分为两类：一类是用于书面语的，一类是用于口语的。一般用于书面语而有浓郁的书面语语体色彩的词语，如“置喙、踵武、息肩、逐鹿”等；一般用于口语而有较为浓重的口语语体色彩的词语，如“靠谱儿、玩儿命、装蒜、外找儿、零嘴儿、张罗、可惜了儿”等。语体色彩与语言的其他要素一样也处于经常性的变动之中，古时具有浓郁的书面语语体色彩的词语，很可能到今天已用于日常的交际，甚至是口语的交际；古时具有浓重的口语语体色彩的词语，很可能到今天已变得古雅，一般不再用于口语的交际。一般而言，由不同时间层次累积而成的同义类聚俗语群中，产生时代较早的成员，在文献中往往出现在带有文言色彩的句子中，而新兴的成员则往往出现在口语程度较高的句子中。例如，《祖堂集》卷四《丹霞和尚》载：“行者见师向前，便顾视老宿云：莫言侵早起。”此例中“侵早”是唐代俗语，宋元又出现“清早”，如宋·王安石《苏州道中顺风》：“北风一夕阻东舟，清早飞帆落虎丘。”元明又出现“清早晨、清早辰、大清早”，如《原本老乞大》：“每日清早晨起来，到学里，师傅行受了生文书。”《金瓶梅》第六十三回：“你和小厮往厨房里拿饭去。你另拿瓯儿粥与他吃，怕清早辰不吃饭。”元·马致远《江州司马青衫泪》第一折：“大清早母亲来叫，只得起来，天色还早哩。”如果说古时文人间交谈时多用雅语，平民间交谈时多用俗语，那么文人与平民间交谈时，文人的雅语被平民口语采用，就会融雅入俗。例如姜子牙“直钩垂钓”的故事本为文人学士笔下津津乐道的典故，经宋元时期《武王伐纣平话》和明人改编的《封神演义》而进入平民口语，形成“姜太公钓鱼——愿者上钩”这一妇孺皆知的歇后语。

现代创造出来的口语色彩较重的词语，也未必不能用于较为正式的场合。如早年《人民日报》（海外版）题为《吴建民：外交官是一个迷人的职业》（2010 年 9 月 24 日）的文章，其中有这样的句子：“他强调，不要被那种看来很激进很爱国实际上误国的言行所忽悠，那是害国家的事情。”“被（为）……所……”结构是古汉语的遗留，常见于书面语。而“忽悠”则是东北方言词，非常口语化，现在将“忽悠”嵌入“被……所……”结构中，却并未给人不伦不类之感。所以，书面语词语不能理解为凡是出现于书面上的就都是书面语词语，因为出现在书面上的可以是文牍气息很浓、公文性很强的词语，亦可是口语性较强的词语，如小说这种书面上出现的词语。书面语词语不仅不指口语所用的词语，还强调其是文牍气息较重、公文性较强的词语，因为它们带有较为浓重的书面语语体色彩，如“特此、专此、准此、在案”等[①]。口语词语也不能理解为凡是出现在口头上的就都是口语词语，

① 公文用的词语有的是个人性的，如封建社会就有仅为皇帝本人（或皇后、太上皇、皇太后等）所用的词语“准奏、钦此、驻跸、奉天承运”，但是绝大多数的公文用的词语都不具个人性。

因为出现在口头上的可以是口语色彩极重的词语，也可以是有一定书面语色彩的词语。这点在不同知识背景和修养的人身上的表现会有较大区别。

4. 时代色彩

时代色彩是附着于词语理性意义之上的一种表示时代性的感性的语义成分。这种语义成分也不是每个词语都有的，而是应语言社会需要才附着上去的。因此，时代色彩可大致分为两类：一类是陈旧的时代色彩，一类是崭新的时代色彩。时代色彩与语言的其他要素一样也处于经常性的变动之中的。刚刚创造出来的词语会带有崭新的时代色彩，使用既久，崭新的时代色彩会逐渐消磨掉，该词语或者变为普通词语，或者其所带有的时代色彩会转化为陈旧的时代色彩；已遭废弃或已然不为人们常用的词语是古旧的词语，这些古旧的词语自会带有陈旧的时代色彩，但是一旦有了复苏的机会，重被人们使用，那么它们对于刚刚认识并使用它们的年轻一代来说，就带有了崭新的时代色彩。例如，带有陈旧的时代色彩的词语“瓜菜代”指在缺粮的年月用瓜、菜等菜蔬代替主食（充饥），这个词在20世纪50年代末至60年代初的困难时期非常流行，今已鲜见，但从那个特殊的艰苦岁月熬过来的人们一听到这个词就极易记起那个艰难的时期。可见，这个词带有一种特定的时代色彩——陈旧的时代色彩。① 类似的例子，如20世纪50年代的“铁人”“土改”“赶英超美”，六七十年代的“样板

① 又如“赤脚医生”，1968年9月14日《人民日报》的一篇文章《从“赤脚医生”的成长看医学教育革命的方向》，让“赤脚医生”的名称走向全国。1985年1月24日，《人民日报》发表《不再使用“赤脚医生”名称，巩固发展乡村医生队伍》一文，到此“赤脚医生”的历史也就结束了。再如“投机倒把”，1997年《刑法》修订取消“投机倒把”罪名后，“投机倒把”这个披着浓重计划经济色彩的词语就已淡出历史。2009年8月26日中央电视台《朝闻天下》栏目又报道“投机倒把、投机倒把罪”这两个词语在正在修改的法律中将予以删除，这两个词语彻底走入历史。

戏”“一颗红心，两手准备”等。

带有崭新的时代色彩的词语反映的往往是新的事物对象、新的社会现象，它们常常能给人们带来心理上的新鲜感，常常是成批出现，从而形成一道靓丽的新词语的风景线。例如，“大数据、云计算、物联网、高铁、微信、支付宝、绿色通道、共享单车、ChatGPT”等就是带有时代痕迹的词语，反映着新的时代气息和色彩。新词新义的收录是《现汉》每次修订的重要内容，而时政类词语又是新词语的重要类别，《现汉》第 7 版不仅跟进时代，及时地将它们收录其中，而且在解释时政类比喻词语时形成了一些思路和处理办法。其中，如“老虎、苍蝇一起打”“把权力关进制度的笼子里”中的“苍蝇、老虎、笼子”这些形象的比喻反映了鲜明的反腐风格和理念，而《现汉》为“老虎”新补的“职位很高的严重腐败分子”就是原有义项“比喻有大量贪污、盗窃或偷漏税行为的人”的特指义[①]。又如，“打铁还需自身硬”原是流传已久的熟语，但近年来常用于时政语境，意思是“要从自己做起，以身作则，率先垂范，要别人做到的自己首先做到”，《现汉》初稿紧扣字面义释出该熟语的通行义，释为“想把铁打成想要的形状，自己首先得有打铁的实力。比喻要把事情做好，首先自己要具备做这件事情的实力”，改定稿根据当前时政语境的用例提炼补充了释义，释为“比喻要打败强敌或战胜困难，自身要过得硬，也比喻正人先要正己：~，纪委要以更高标准加强自身建设，才能做好纪检工作。”（杜翔，2017）这一改动体现出鲜明的时代色彩。

① “苍蝇”的比喻义独立性不强，通常只在和“老虎”对举的语境下出现，因为“老虎”补收了新义，所以《现汉》中“苍蝇”新义也相应地补出来了，并用举例的形式体现“苍蝇、老虎”对举的情况。

三、语言义和言语义

（一）什么是“语言义”？

“语言义”通常就是词典里为这个词下的定义，即词的概念义。语言义通常为一种语言的绝大多数使用者所理解和使用。例如，“吃”是一个很常见的动词，《现汉》中“吃”的义项❶：把食物等放到嘴里经过咀嚼咽下去（包括吸、喝）：~饭|~奶|~药。但是这样的释义，是否把“吃”的动作都包括了呢？也不尽然。“吃糖”就可以不经过咀嚼，也不是吸下去或喝下去。是词典释义不严密吗？也不是。这是因为概念义是人们对各类客观事物（包括动作、性状等）的概括，同一类事物中的各个成员并不是都具有共同特征，成员间具有的只是“家族相似性”，即概念是个原型范畴，这个范畴里有很多成员，有的成员是最佳原型（比如“吃饭”的“吃”），有的成员是处于边缘地位的（比如“吃糖”的“吃”）。词典的释义是对这个范畴的众多成员的特点的概括，主要依据原型的意义，而无法照顾每一个边缘成员的意义。

（二）什么是“言语义”？

言语义是临时的、偶发的、非规约性的意义，一般只为少数人所知所用。例如，个别人临时起意将共同语中的词语意义做出他自己的更改或理解，这样的词语义毫无疑问是言语义。以“走读”为例，按照《现汉》的解释，“走读”应为一种就学方式：“（学生）只在学校上课，不在学校住宿（区别于‘住读、寄宿’）。”但是早年凤凰卫视有个栏目名为“走读大中华”，其中的“走读”的意思与《现汉》对“走读”一词的解释大相径庭。透过该栏目主持人的招牌性的话“走读大中华，边走边观察”可知，其中的“读”乃是观察、分析的意思。“读”的“观察、分析”义已不新鲜，如“你没有读懂我的心”中的

"读"用的正是此义。但是将"走读"解释作"边走边观察、分析"，却只能说是该主持人个人的用法，是言语义。①

词的语言义和言语义是不同的，前者是社会的、现成的，后者是个人的、临时创造的。但是二者之间有时没有明确的界限，而且词的言语义如果经常使用，也可以变为词的语言义。例如，"木"表示"棺材"，这本来是一种因转喻而临时产生的意义，但是后来经常使用，"棺材"就成了"木"的一个固定义，出现了"行将就木"等固定单位，言语义成为语言义。又如，现代汉语的"投入"本是个及物动词，但在早年播放的电视连续剧《编辑部的故事》的主题歌中被当作形容词使用，出现了"投入地笑一次，忘了自己"这样的歌词，"投入"被用作了状语，是当时作者自己的独特用法，是个人的言语现象，不是语言现象。但是后来这种用法被广大说汉语的人所接受，而且"投入"的形容词用法被继续扩大，现在可以说"很投入、非常投入、投入得很"等，"投入"的形容词用法已经很普遍，且已为《现汉》收录，就是语言现象了。

需要指出的是，当言语中的词的意义和词典的释义有所不同时，他们是语言义还是言语义，需要仔细甄别。首先，词典的释义是概括的，而言语中的词的意义有时具有概括性，有时只指其中某一类或某一个。例如，"人"的意义，在《论语·为政》"人而无信，不知其可也"中指所有人，和词典中的释义相同；在《左传·襄公三十一年》"人谓子产不仁，吾不信也"中指某些人；在《韩非子·说林》"今有人见君，则睞其一目"中指某个人。但是，不管是指某一类还是某一

① 古书中对词语的注释，其实有不少不是词义，而是上下文意义。如《论语·里仁》的"君子怀德，小人怀土；君子怀刑，小人怀惠"中出现了四次"怀"，按说，四个"怀"的意义应该是一样的，但是何晏等《论语集解·里仁》、朱熹《论语集注·里仁》、刘宝楠《论语正义·里仁》三家注解对四个"怀"都做了不同的解释，有的解释为"安"，有的解释为"思念"。这类上下文语境义也是"怀"的言语义（蒋绍愚，2015：160）。

个，这一类还是那一个，它们的不同只是指称的不同，而不是词义的不同。如果把这些都看作“人”的言语义，那其言语义何止千万个，所以它不是言语义。其次，出现在言语中的词的意义和词典中的意义不相切合。除上面说的“吃糖”的“吃”以外，另如“蛇爬下来”的“爬”，《现汉》的释义是：“❶昆虫、爬行动物等行动或人用手和脚一起着地向前移动：蝎子~进了墙缝|这孩子会~了。❷抓着东西往上去；攀登：~树|~绳|~山◇墙上~满了藤蔓。”这里的释义并不能概括“一条蛇从树上爬下来”和“我从南面爬上山，又从原路爬下来”这些句子中的“爬”。而且，“爬树”和“爬山”时的动作也不一样。但是，这种词的意义是不是言语义呢？也不是，因为它们还是分别在“吃”和“爬”这些范畴里，和这些范畴里的原型成员仍然有家族相似性（参看蒋绍愚，2015：151–167）。

第三节 各种类型的词义聚合

词语的意义聚合关系，着重强调的是两点：第一是词语间的词汇意义关系，第二是词语间词汇意义的聚合关系。也就是说，不是词语间的词汇意义而属他类意义的关系，不能视为词语的意义聚合关系；不是词语间词汇意义的聚合关系而属他类非聚合性的关系，也不能看作是词语的意义聚合关系。有学者将具有这种意义聚合关系的词群与一些不具有该种意义聚合关系的词群放到一起加以讨论，称之为“词际关系”（王宁、邹晓丽，1998：119–170）。

一、同义和近义

同义是词语的聚合关系之一。“同义词”这一术语恰切地道出了此种词义关系的三要素：词义的这种关系是“同”而不是“近”，更不是“异”；词义间这种关系是建立在义位的基础上的，而不是建立在词位的基础上的，因此同义词实际上应该称作同义位词；词义的这种关系是凭靠着词与词的对照而存在并使用的，同义词不可脱离开词位而于义项间彼此进行对照。如果再进一步看，同义词其实是同义位词汇单位。也就是说，词这一级词汇单位彼此间可发生这种意义聚合关系，大于词或小于词的词汇单位彼此间同样会发生这种聚合关系，甚至不同级的词汇单位彼此间亦存在着有这种聚合关系的可能性。同义词必须是可以在词语的使用者头脑中造成同义联想的，不能造成同义联想者不能构成同义。同义关系不仅可发生在名词性的词项之间，亦可发生在动词性的词项之间，如“战胜”与“战败”[①]、“叮咛”与“叮嘱”、“乘凉”和“纳凉”、“休息”和“休憩”、“离婚”和“离异”，还可以发生在形容词性的词项之间，如“了得”与“得了”、“不得了”与“了不得”，以及其他实词性的词项之间；同义关系不仅可发生在实词性的词项之间，亦可发生在虚词性的词项之间，如“为了”与“为着”、“即使”与“就算”。大到固定短语与固定短语之间（如“名垂青史”和“青史留名”、“胸有成竹”与“成算在心”），小到字与字之间（如“死”与“亡”、“遗”与“失”），都可能存在同义关系，甚至架构与架构间，也可能构成同义（如“拿……来说”与“以……为例”）。在不同类型的词汇单位之间，也是可以建立起同义关联的，像在字与词之间（如“因”与“由于”、“美”与“漂亮”）、词与固定短语之间（如“逝世”与“与世长辞”、“偷盗”与“偷鸡摸狗”）等。但是必须指出的是，绝对的同义词并不多见。例如，“孀妇”“寡妇”和“未亡人”都指死了丈夫的女人，但是“未亡人”一般用于自称，“孀妇”和“寡妇”却一般不用于自称，而这两者在使用上也存在着差异：前者多

① “战败”在《现汉》中有两个义项：❶打败仗；在战争中失败。❷战胜（敌人）；打败（敌人）。这里取义项❷。

见于书面语，后者多用于口语中。

同义词既然是一个聚合体，那么无论在研究中还是在词典编纂中都应该将具有该聚合关系的词汇单位穷尽。例如，“假如、如、如果、如若、若、若是、设或、设若、设使、倘、倘或、倘如、倘若、倘使”就是一个被穷尽了的表示假设的同义词聚合体。又如，表示人死亡的同义词聚合，有“去世、弃世、谢世、逝世、辞世、离世”等数十个。据有的专家研究，《红楼梦》中共使用表示死亡的词31个，它们是“死、死亡、咽气、终、亡、夭亡、故、去了、亡故、下世、仙逝、去世、辞世、夭世、长逝、捐馆、老了、告殂、呜呼、归西、没了、殒、殒身、回首、宾天、卒、病故、病老、薨、殁、圆寂”。但是，汉语同义词虽具丰富性，这并不意味着每个词语都有与之同义的词汇单位。事实上，同义关系只发生在部分词汇单位之间。例如，“幅度、桥牌、臭氧层、蝴蝶结”等词语似乎就没有与之有同义关系的词汇单位存在。即使是生活中常见的事物对象，也不是每个词都存在着与其有同义关系的词汇单位的。例如，“狗”有同义词“犬”，“蛇”有同义词“长虫”，“鼠”有同义词“老鼠、耗子”，但是“牛、马、鸡、鸭”等都鲜有同义词。

同义词的构成有比较复杂的原因。它们中有的是凭借构词的字的同异来认同别异的。例如，“早饭、早餐、早点”之所以能构成同义词，完全是它们共有的字“早”所起的作用；而不为它们共有的“饭、餐、点”，不具意义相同的关系，这正是三词大同小异之所在。又如，“零嘴儿”和“零食”、“蛀齿”和“蛀牙”也是如此，这里不再展开。同义词，似乎可以说是向心力大于离心力的一种词义运动。在靠同一个构词的字构成的同义词中，向心力正是由该字来呈现的，而离心力正是由那个非同一的字来呈现的。当然也有相当一部分同义词不是或不完全是依靠同字构建起来的，如“未亡人”和“寡妇”、“保姆”和“女佣”、“借壳上市”和“借鸡下蛋”、“巴结”“捧臭脚”“抬轿子”“溜须拍马”和“阿谀奉承”、“嫁”“出嫁”“出阁”和“出门子”、

“后母”和“继母”、“白血病”和“血癌”、“怨天尤人”和“骂娘”。来自不同的系统的同义词，较难靠同字构建起来。由词的直指义和借指义构成的同义聚合，更难靠同字构建起来。例如，“钱”的意义是直指义，而“青蚨”“孔方兄”也可指钱，是借指义，这样“青蚨”“孔方兄”就与“钱”构成了一个同义聚合。

同义词语的彼此对照，常常表现在下面的情况中：

现代常用词语与非常用词语的对照

篱笆—篱落　寡妇—嫠妇—孀妇　两口子—夫妻—伉俪—鸾俦

共同语词语与方言词语的对照

仍旧—兀自　荸荠—马蹄　玉米—玉蜀黍　空心菜—通菜

新词语与旧词语的对照

攀升—上升　瘦身—减肥　音韵学—声韵学
睑腺炎—麦粒肿

全称词语与简称词语的对照

计算尺—算尺　守株待兔—株守
红白喜事—红白事　家常便饭—家常饭
图穷匕首见—图穷匕见　庐山真面目—庐山真面

普通词语与专门用语的对照

月经—天癸　梦游症—睡行症　变形虫—阿米巴

正称词语与俗称词语的对照

拂尘—蝇甩儿　性病—脏病　文盲—睁眼瞎子
宁寿宫花园—乾隆花园

雅词语与俗白词语的对照

置喙—插嘴　转瞬—转眼　关键点—节骨眼儿

间或—偶尔　妻妹—小姨子

不同色彩词语的对照

连襟儿——担挑

字序相反的词的对照

寂静—静寂　率真—真率　力气—气力

来往—往来　率直—直率

不同阵营或地区所用词语的对照

竹岛（日本）—独岛（韩国）

南千岛群岛（俄罗斯）—北方四岛（日本）

湄公河（泰国、老挝、越南、柬埔寨）—澜沧江（中国）

同义词这种现象之所以会出现，就是其有利于语言使用者在众多可供选择的词语中选出一个最适切的词语来使用，因此同义词从本质上说并不具有可替换性，或者说可替换性不是同义词的本质属性。只不过人们在研究同义词时发现可用甲词对乙词加以替换，遂误导出同义词具有可替换性的结论。例如，“款款”在《现汉》中标明是个多性词，第一个性项是形容词[①]，是“诚恳；忠诚”的意思，第二个性项是副词，是“慢慢地”的意思，但是在口语中，人们根本无法将含有“诚恳；忠诚”义的“款款”用于诸如“他这人非常款款”的语句中，也无法将含有“慢慢地”义的“款款”用于诸如“你甭着急，款款排

① “多性词”“性项”的说法，见周荐（2007）。

队吧”的句子中。又如，“困难”和“难”在几乎所有的同义词词典中都被视为同义词，然而在“天下事难不倒有心人”中，“难”不可换作“困难”，在“我们终于度过了最困难的一段时期”中，“困难”也难换作“难”。①

同义词语是语言的词聚现象，易与之混淆的是近义词语的现象②。近义不是词聚，凡于一些人来说感觉上关系接近的词义均可被称作近义。当然，同义词是语言的词之间的意义聚合关系之一，词与短语间可能会产生同义的关系，但那绝不是同义词聚合关系。例如，“失踪”是词，“下落不明”是短语，两者不构成同义词的聚合关系。

二、反义和对义

反义也是词语的一种聚合关系。反义词是必须能够在人们的心理上构成反义联想的词语。例如，“美”和“丑”、“贵”和“贱”、“伟大”和“渺小”、“健壮”和“孱弱”都是能够构成反义联想的词语，都是反义词；而“饱”和“饥肠辘辘”就难有反义联想，因而不能成为反义词语。反义词主要有两类：绝对反义词和相对反义词。绝对反义词的特点是，肯定为a必否定为b，肯定为b必否定为a；否定为a必肯定为b，否定为b必肯定为a。③例如“死”和“活”之间，是

① 当然，现在多认为这类现象与语体有关。不过，同义聚合只是语言词语间的一种意义关系，不具此种意义关联的词远多于具有此种意义关联的词。此外，冷僻的词语很难有与之同义的词语，如“父执、鹄望、祸祟、井田制”都没有同义词。常用词语也不一定有与之同义的词语，如“手表、领带、玻璃、汽水”都没有与之同义的词语。

② 孙常叙所著《汉语词汇》（重排本）之第十七章“近义词”有详细的讨论，可以参看。

③ 孙常叙所著《汉语词汇》（重排本）之第十八章“反义词”有详细的讨论，可以参看。

“活”就不是“死”，是“死”就不是“活”；不是“活”即是“死”，不是“死”即是“活”。没有不死不活、又死又活的情况。所谓“半死不活”，实际上仍是“活”。属于此类的还有下面这些例子：

公—私	是—非	直—曲	正—邪
真—假	动—静	拥护—反对	正义—邪恶
绝对—相对	正确—错误	快乐—痛苦	节省—浪费
开张—关张			

反义词的另一类相对反义词的特点是，肯定为a必否定为b，肯定为b必否定为a；但是否定为a未必肯定为b，否定为b未必肯定为a。例如“大”和“小”之间，是“大”就不是“小”，是“小”就不是“大”；不是“大”未必就是“小”，不是“小”也未必就是“大”——因为还有“不大不小”的情况存在。属于此类的还有下面这些例子：

高—低	长—短	贵—贱	新—旧
鼓—瘪	软—硬	轻松—沉重	前期—后期
饥饿—饱胀	熊市—牛市	巨人—侏儒	

反义词有的是靠构词的字的异同来别异认同的，如“快速”和“慢速”构成反义关系除了因为“快”和“慢”之间构成的两极的对立关系外，也不可否定“速”在两词中的作用。反义词可以说是离心力大于向心力的一种词义运动。在靠同一个构词的字构成的反义词中，向心力正是由该字来呈现的，而离心力正是由那个非同一的字来呈现的。当然，这一点也不可绝对化，因为不是每一对反义词都必得是靠反义字构成的，如“谦虚”和“骄傲”、“巨人”和“侏儒”。也不是由反义字构成的不同的词均可构成反义词，如“开心”和“关心”，虽然“开”和“关”是反义字，但所构成的“开心”和“关心”却并不具有反义关系。又如“南瓜”和“北瓜”，尽管“南”和“北”在很多情况

下是作为反义字来用的，但由它们构成的“南瓜”和“北瓜”[①]却并不具有反义关系。

反义词的造就体现着人的逆向思维。有了“强大”，便须造出“弱小”；而这个“弱小”的“弱”和“小”，又恰恰是根据构成“强大”的“强”和“大”两个语素的反义关系推出的。当然，尽管我们有时无法确定语言中是先出现甲词还是先出现乙词，因而无法确定是哪一个因受另一个的影响而出现，但是一个词因受另一个词的影响而出现，而不是两个词同时出现，这一点应该是没有疑义的。一个词因受另一个词的影响而出现，从而使两个词具有反义关系，是受词义运动的规律制约的。并非每一个词都可循此催生出另一个词而使彼此产生反义关系，从而造成了造词上的不对称现象，如有“圆滑”却无“方涩”，有“娇柔”却未造出“老刚”之类。这种不对称现象，不仅会发生在构词成分未采用反义字的词语上，如上举例；也会发生在构词成分采用反义字的词语上，如有“新郎”无“旧郎”，有“香醇”无“臭醇”，有“高工”无“低工”，有“大粪”无“小粪”。当造词者需要在对立的概念中选其一来做代表的时候，通常也不会再考虑造第二个词，以使之与已造出的词产生意义关系。例如，有了“热度”，无须再造出“冷度”，有了“美感”，无须再造出“丑感”。不对称可发展为对称，这是造词运动中常见的现象，如有了“冷战”，又造出了“热战”。但是，对称发展为不对称的现象就较难在词汇发展史上被发现了。

反义词是语言的词聚现象。易与反义词聚混淆的是对义词的现象。对义不是词聚，凡为一些人对举来用的词义均可被称作对义。对义的两个词，有的具有专指性，是定称词，有的不具专指性，是泛称词。具有专指性的对义词如“夫妻”，既具有对义性，又具有专指性。“夫”是相对于“妻”的唯一，“妻”也是相对于“夫”的唯一；“妻”就是“夫”的“妻”，而绝不是其他的什么人，“夫”亦然。不具专指性的

① “北瓜”在《现汉》中的释义为:〈方〉名南瓜。

对义词如“祖孙”，虽具有对义性，却不具有专指性。史存直（2008）认为：“在上古，‘祖’并不限于‘父之父’，‘孙’也不限于‘子之子’，凡父之父以上皆称祖，凡子之子以下皆称孙。到后世，人们用‘祖’‘孙’两字仍不一定严格指‘父之父’‘子之子’。”

三、同义关系 / 反义关系的构成条件

需要说明的是，严格意义上的同义关系和反义关系只能发生在同一语言系统的词语间。例如，“游水”是现代汉语普通话里的一个词，与“游泳”构成同义关系。粤方言中亦有“游水”一词，它除有可与“游泳”构成同义关系的意义外，尚有“在水中游动的；鲜活”的意义，在此意义上可构成“游水海鲜”这样的短语。粤方言“游水”这一意义，不是普通话所有的，也不能与普通话的某个词的意义构成同义关系。不仅如此，同义关系和反义关系也只能发生在同一语言的同一共时平面上的词语间。例如，“折子”这个词在清代是奏折的俗称，因而“折子”和“奏折”构成了清代的一组同义词，但是“折子”也是现代汉语当中的一个词，它是“存折”的俗称，因而“折子”和“存折”又构成了现代的一组同义词。但是，“水师、海师、舟师”和“海军”的情况不同。在海上作战的军队清代有“水师、海军、海师、舟师”等多个词指称[①]，但是民国之后尤其是1949年之后，“海军”只用来指称海上作战的部队，因此“水师、海师、舟师”在现代不再与“海军”构成同义关系。此外，也还有其他一些条件，如词和词组不能构成同义关系 / 反义关系，词和它的否定式不能看作反义关系，不属于同一词类的不能算作同义关系 / 反义关系等，此不赘举（详见蒋绍愚，2015）。

① 清代军队建有“水师营”，清政府还设有“海军衙门”这样一个机构。清·顾炎武有“海师十一万，虎啸临皇州”的诗句，清·魏源有“朝廷以定海孤悬海中，非海道舟师不能恢复”的语句。

第四节 词义的衍生和变化

词义的演变是词汇研究的一个重要课题，牵涉很多方面。社会的发展、人们认识的改变以及交际的需要等，都使得词义处于变化之中。例如，有的词产生了一个新义，但新义表达的是新概念，这时概念没有改变名称；有的词消失了一个意义，相应的概念可能改变名称，也可能不改变名称；又有的概念改变了名称，但是词没有改变意义；等等。我们从词语的意义组合和意义变迁来考察词义的衍生和变化。

一、词语的意义组合

两个词经常连在一起使用，形成线性组合关系，其中一个词受另一个词的影响，变得和另一个词同义。这是由于词的组合关系而造成的词义变化。这类现象有的学者称为“词义沾染”（朱庆之，1992）①，有的学者称为“组合同化”（张博，1999）。

（一）因相邻搭配而沾染意义

词语要组合成语句就势必会与相邻的单位发生关系，久而久之，相邻的词语彼此间会受到“感染”，意义和用法会受到某些影响，发生些微变化。例如，我们经常会用“神采奕奕”一词来描述老人家如何健康。久而久之“奕奕”与“神采”结合紧密，“神采奕奕”似乎成了一个新的固定短语。其实“神采”和“奕奕”各是一个词，“神采”可以“飞扬”，“奕奕”亦可说明“精神”。字词义的衍生有时候靠经常性

① 较早提出“词义沾染”的是伍铁平（1984）。

的组合而生，如“绵薄”一词，应是修饰之词，是作为“之力”之类的修饰成分而存在的。但是使用既久，“绵薄”本身也已具有了作为整个定中偏正结构所具有的意义，出现了“略尽绵薄”之类的用法，甚至还出现了“绵力”的用法，如“新的一年，请学会使用绵力”“教育孩子需要一种绵力”等等。又如，“抓紧”在《现汉》中的释义是“紧紧地把握住，不放松”，但是由于“抓紧”常与“时间”相结合，因而在一定的语境条件下“抓紧”无须再与“时间”结合即可表达“抓紧时间”的意义，即“抓紧”本身似乎产生出时间的意义。①

（二）因特定搭配而沾染意义

词语间经常性的组配，有些可能逐渐演化成不同词语间的固定性搭配。例如“伸张”，它所要求带的词必得是“正义”这样的词。像这样的搭配，就属于词语的特定搭配。特定搭配通常见到的情况是甲词只与乙词搭配，乙词除经常与甲词搭配外亦可与丙词、丁词等搭配。例如，“伸张”一般就只与“正义”搭配，而“正义”除可与“伸张”搭配外，亦可与“宣示”等搭配。又如，“苦心”除可与“孤诣”搭配外，还可与“经营”等搭配，甚至可以独立自由使用，而“孤诣”除可与“苦心”相组配，出现在“苦心孤诣”这个固定短语中之外，几乎再无其他组配可能。特定搭配很少见到两个词都只与对方产生搭配关系的情况，如果这种情况发生，它们一般也只能是已经凝固为固定短语的内部组配了，如“鸡零”只与“狗碎”相组配，二者组配成“鸡零狗碎”。词语的搭配应该局限在一定的搭配域内来谈。例如，“伸张”后边只能出现“正义”，“正义”前边除可出现“伸张”外亦可出现其他的词。“伸张”与“正义”相组合的情形即是它们的搭配域。如

---

① 《现汉》收了“谰言”，却未收“无耻谰言”。其实人们在用到“谰言”时很少不将其与“无耻”连用在一起，连《现汉》为“谰言”所举的用例也是“无耻谰言”。

果超出这一搭配域，则“伸张”前边也可出现“得到”等词，“正义”后边也可出现“属于”等词，即当事的词语都有各自广阔的搭配空间，则不好再谈固定搭配问题了。[①]

（三）词语搭配是否受条件限制？

词语在组合中，有时会对相邻的单位提出选择性的要求。第一，需要注意词语间的语义色彩问题。一般来说，语义积极的词语要与语义积极的词语相组配，而不大与语义消极的词语相组配。例如“侥幸”意为因偶然或意想不到的原因而成功或免灾，所以其后必带有表示成功的词如“获胜、出线”等，不能带有表示失败的词如“输球、败北”等。第二，需要注意词语的节律问题。通常见到的情况是单音节词与单音节词组配，双音节词与双音节词组配，如“最为”后必与双音词如“出色”结合，而不能与单音节词“好”结合。[②]

二、词语的意义变迁

词语无时无刻不被人们使用，因而在被使用中其意义发生变化是再正常不过的事情了。齐佩瑢（2004：90–105）将词语单位意义的变迁归纳为六种：有“缩小式”，如“朕”原为自称之词，到秦代成为皇

---

① 一些字也属于特定搭配。例如，“睁”只表示眼皮打开，只能与“眼”组合。但是表示眼皮合上却用的是“闭”，没有特定的词，也不存在特定搭配。“闭”《说文解字·门部》释为“阖门也”。现代汉语中“闭”可与许多词相搭配，如“闭门、闭路、闭眼、闭灯”。“睁”可与“张”比较：后者搭配面要远较前者宽，如“张弓、张网、张嘴、张开双臂”。专门搭配的词还有不少。例如，“醉”《说文解字》释为：“卒也，卒其度量，不至于乱也。”现代汉语里仍仅表饮酒过量。又如，“暂”表示时间短，“久”表示时间长，现代汉语中如果不用它们，必须说成“时间短”或“时间长”。

② 这里其实还涉及一个问题：两个词是先组合后同化，还是先同化后组合？这个问题需要考虑。

帝的自称；有“扩大式”，如“江、河”本为专称词，后演变为通称词；有“变坏式”，如“臭”本是“气”的意思，后来演变为“不好闻的气”的意思；有“变好式”，如“士”本只是王的臣仆军士的意思，后演变为“居四民之首”的“士”，成为一个重要的阶层了；有“变强式”，如“干”本为“求”义，后演变为“犯”义，意思加重；有“变弱式”，如“取”原为“夺获”之义，后演变为一般意义上的取获。大多数学者所研究的意义变迁，主要是三大类：意义的扩大、意义的缩小、意义的转移。

（一）意义的扩大

所谓意义的扩大，就是限定性的义素减少，导致指称性的中心义素所指范围比此前扩大。例如：“河”本指黄河，后来指所有较大的河流（特别是北方的河流）；“灾”本指火灾，后来泛指一切灾害，如“水灾、火灾、灾难”等；“匠”本指木匠，后用来指具备任何手艺的工匠；“鸣”本义是鸟叫，后来也可以是马鸣、虫鸣、钟鸣、刀枪鸣、汽车鸣（笛）等；“洗”本义是洗脚，后变成洗一切东西的“洗”；在先秦，“牙”是口腔后面的臼齿，“齿”是口腔前面的牙齿，后来无论前面的后面的都叫“牙”。这些词都被视为词义的扩大例。又如，“先生”一词原只指男性的教师，这是因为中国古代为师者一般是男性。近现代以来，随着女性教师愈益增多，“先生”一词的“男性”的那个限定义素被去掉了，因此这个词就不再仅指男性，不再是“男教师”的同义词，也可指女教师，发展为“教师”的同义词。由此可见“先生”一词的意义比之过去扩大了。

（二）意义的缩小

所谓意义的缩小，就是限定性义素增多，导致指称性的中心义素所指范围比此前缩小。例如“禽”，《说文解字》释曰：“禽，走兽总名。”这里的指称范围很大，无论是天上飞的还是地上跑的兽类，均称“禽”。但是《尔雅》给“禽”的界定却有所不同：“二足而羽谓之禽，四足而毛谓之兽。”给“禽”加上了“二足而羽”这个重要的限定性义素。这样一来，地上跑的动物就从“禽”当中划出去了，“禽”的指称范围削减了一半，意义缩小了。“金”本指一切金属，后来专指黄金。“宫”本是房屋的通称，一般人（包括贵族）居住的房屋和君主居住的房屋都叫“宫”，两者不分，后来专指帝王居所。“子”本是儿子和女儿的通称，既可以指儿子，也可以指女儿，后来只能表示儿子。“金”“宫”“子”等词的古今演变也属于词义的缩小。词义缩小后，原来的词义有的不再用，有的只在特定的场合下使用，尤其是作为语素保留在一些固定短语中。

（三）意义的转移

所谓意义的转移，就是指称性的中心义素自身发生了变化（蒋绍愚，1985）。例如“百姓”，《现汉》释义为：“军人和官员以外的人。”但在古代，“百姓”却是官而不是民。《诗经·小雅·天保》：“群黎百姓，遍为尔德。”《毛传》释曰：“百姓，百官族姓也。”《尚书·尧典》有“九族既睦，平章百姓”之说。《孔传》云：“百姓谓百官族姓。”“百姓”一词从古至今的演变就属于词义的转移。又如“酽”，《广韵·酽韵》：“酒、醋味厚”，但在今天“酽”已仅表茶“味厚”。再如，“闻”在古代汉语中是“用耳朵接受声音”的意思，现在的基本义是“用鼻子嗅（气味）”。复如，“斤”原来指类似于斧子的一种工具，后来指一种重量单位，此时新旧义之间毫无联系。词义转移后，很多情况下一般只用新义，旧义会从交际中隐退下去或保留在固定语中，但也有新旧义都在同一交际时空中使用的情况，如一些方言中“去”有“饰演”的意义，我们会听到“在那出戏里他去的是焦赞”。有的方言中，“短”

有“欠”的意思，如“我不短你什么钱”“缺斤短两”等等。[①]

三、它们的词义是否发生了变化?

词语意义的变迁，除有理性意义的变迁外，亦有感性意义的变迁。其中，感性意义的变迁，主要是感情色彩的有无导致词义的变化，因而它主要是在意义转移这一类中谈。例如在二十世纪六七十年代，称某人为“同志”便是将其视为自己人，称某人为“小姐”便是将其看作是地主资产阶级分子。“同志”原本并非褒义词，“小姐”原本也不是贬义词，但在一定的语境下，它们的感性意义发生了变化。随着国家政治、经济、文化、生活的不断发展，被强制性加上某种感情色彩的“同志”“小姐”又恢复了正常，但是在这两个词身上所呈现出来的意义的变化，似乎并未随之终止。“同志”一词近些年来又被用来作为同性恋者的称呼，“小姐”也常被一些人用于指称女性性工作者。当然，“同志”和“小姐”如今的意义变化已非感性意义的变化，而是理性意义的变化了。

此外，像“车”和“船”这样一些事物，从古到今发生了很大的变化，它们的词义是否发生了变化?对此，蒋绍愚（2015：149）认为：一个词的词义古今有无变化，不是看它所指的事物古今有没有变化，而是看人们从认知上为它所做的规定有无变化。以“车”为例，《说文解字》释曰：“舆轮之总称。”《现汉》对车的词义概括更为准确，指出车的词义特点是“有轮子的陆上运输工具”。其实质和《说文解

① 词语意义的变迁，还有一种词语意义的深化。例如“天”和“地”，《素问·阴阳应象大论》的解释为：“清阳为天，浊阴为地。”而今天的解释则大异从前，《现汉》为“天”列出13个义项，为“地”列出14个义项。可见今人对“天”和“地”的理解远比古人深化了。人对客观事物对象的理解深化了，词语意义本身自然也得到了深化。

字》是一致的，虽然《说文解字》“用于陆上运输”这一点没有说，但这是不言而喻的。词义本来就是概括性的，即概括事物的主要特征，舍弃事物的其他特征。只要这个主要特征不变，词义就没有变。车的形制、动力、速度、运转量等从古到今发生了很大的变化，但作为“有轮子的陆上运输工具”这一点始终没有变，所以“车”的词义没有变。只是随着科技的发展，现在出现了没有轮子的磁悬浮列车，与“车”的词义有些差异，但磁悬浮列车作为陆上的运输工具和一般火车差别甚小，人们在乘坐时的感觉也和乘坐一般火车时一样，并不会注意其有轮无轮，因此还是称之为“车”。所以，“车”中新出现的这一种并不会导致“车”的词义改变。和“车”一样，“船”的形制、动力、速度、运转量等从古到今也发生了很大的变化，但作为“有空间载人和物的水上运输工具”这一点始终没有变，所以“船”的词义也没变。

第三章　词形与词长

第一节　词究竟应该是什么样子?

词在传统定义中，是语言中最小的能够独立运用的音义结合体。但是在实际操作中，仍会遇到一些问题：究竟什么是词？多长的字串可以成为词，多长的字串不再成为词？词和其他单位的分野是什么？诸如此类，不胜枚举。尤其在汉语中，词的确定既涉及字、词的分野，又涉及词、语的分别。由单字充任的独体性的单位、由单字与单字相互组合而成的和由单字与字串或字串与字串相互组合而成的合成性单位，何者为词，何者非词，是一个错综复杂的问题，学者们对此也众说纷纭。本章我们将从字与字的组合功能以及合成性单位内字串类的构件的组合功能入手进行讨论并探寻合成词的最佳构成模式，进而讨论词的确定问题。

一、单素多字单位

语言中的一个词汇单位，可以是由一个语素构成的，这一个语素体现为一个汉字，这样的词汇单位可称为单素单字单位；也可以是由体现为若干个汉字的一个语素构成的，这样的词汇单位可称为单素多字单位；还可以是由若干个语素构成的，这若干个语素体现为若干个汉字，每个语素体现为一个或若干个汉字，这样的词汇单位可称为多素多字单位。单字单素单位自不必说。单素多字单位既包括一语素双音节的词汇单位，也包括一语素三音节、一语素四音节，甚至是一语素多音节的词汇单位。其中，一语素双音节的词汇单位被视作词而被词典收入，应该无人会持异议。这样的例子有很多，如联绵词“窈窕、忸怩、嶙峋、踉跄”，外来词“逻辑、坦克、拷贝、杯葛”。再进一步看，无论是三个、四个，甚至是更多个音节的形式，只要它们所代表的是一个语素，就都可以毫无争议地被划入词的行列，如刘正埮、高名凯、麦永乾、史有为四位先生合作编纂的《汉语外来词词典》就收有三音节一语素的“萨其马”（满：sacima）、四音节一语素的“普鲁卡因”（英：procaine）、五音节一语素的“额勒玛第加”（拉丁：grammatica）、六音节一语素的“摩诃质帝萨埵”（梵：Mahācittasattva）、七音节一语素的“海图鲁代讷密斯”（英：hydrodynamics）和八音节一语素的“克拉维辰巴达牟尔”（英：clavicembal d'amour）等。

二、双素多字单位

双素多字单位既包括双语素双音节的词汇单位，也包括双语素多音节的词汇单位。其中，双语素双音节的词汇单位被视作词而被词典收入，这一点似乎也无太大争议，因为构成该单位的某一个音节形式所代表的语素是不自足的，即非典型的汉语语素[①]，像“酒吧、啤酒、沙皇”等就都属于此类。再进一步看，当三个、四个，甚至更多个音节形式代表两个语素，无论其音节数量，只要其中的某一个语素是不自足的，由这两个语素所构成的单位也就可以被视为词。这样的例子在《汉语外来词词典》中也可以看到很多，如三音节双语素的“登革热”（英：dengue fever）、四音节双语素的“喀萨克车”（蒙：xasag

① 典型的汉语语素的语音表现是一个音节，书面表现是一个汉字。

tereg）、五音节双语素的“客斯客斯油”（英：cuscus oil）、六音节双语素的“沙托－马尔高酒”（法：Château Margaux）、七音节双语素的“马赛尔·考比伦杯”（英：Marcel Corbillon Cup）和九音节双语素的“波罗尼密婆舍跋提天”（梵：Paranirmitavaśavartin）等。

然而，当一个单位由两个典型的汉语语素构成，所构成的单位是词还是非词就成了问题：由两个典型的汉语语素构成的双字组合中的复合性结构是由作词根的字组合构造成的，各个字的单说独用的功能有的已退化（设为A），有的处于退化中（设为B），还有的尚未退化（设为C），以不同类的字两相组合，组合后所呈现的情况存在如下9种可能：

A+A　B+A　C+A

A+B　B+B　C+B

A+C　B+C　C+C

其中，A+A（如“秧龄、旷达”）最易被人看作词，因为两者都已退化，不能单说独用了。A+B（如“余音、盛传”）和B+A（如“闷倦、狂澜”）这两类，说它们是词也未尝不可，因为不仅其中的A已然退化，B也在退化中。B+B（如“锁钥、图样”）这一类，则不好说它们一定是词，也不好说它们一定不是词，因为两字都处于半退化的状态中。与此类似的是A+C（如“暌隔、液泡”）和C+A（如“难堪、有恒”）这两类。其中的A和C，一个是已退化的，一个是未退化的。B+C（如“月钱、卧车”）和C+B（如“接力、活契”）这两类易为人们视为非词，因为作为退化中的B，终敌不过尚未退化的C。C+C（如“解馋、吃饭”）这一类最容易被人们视为词组，因为两者都未退化，随时都可能独立使用或与他字重新组合。

三、三字多素组合

三字多素组合单位主要是在双字组合单位的基础上构成的。这类三字组合究竟属于何种类型的词汇单位，长期以来学界并未有一致的意见。有的学者以该单位意义的性质来对其分类，认为三字组合中那些意义属于字面性的一类是词，如“共和国、文化馆、机帆船、炉算子”等，而意义属于非字面性的一类，如“打头阵、炒鱿鱼、捞稻草、吃鸭蛋”等，多数人认为它们属于固定短语中的惯用语（马国凡等，1982），个别人将其与“黔驴技穷、画龙点睛、狐假虎威、卧薪尝胆”这样的单位视为一类，认为其属于固定短语中的成语（刘叔新，1982）。也有的学者以韵律词理论判定三字组合的词或语的归属，认为三字组合中凡是先由前两字组合在一起，再与后一字结合的单位（即双—单式或 2 + 1 式结构，如“共和国、东道主、滑雪衫、狂想曲”等）为韵律词和复合词的构造模式；凡是先由后两字组合在一起，再与前一字结合的单位（即单—双式或 1 + 2 式结构，如“西半球、二房东、拿印把儿、吃老本”等）则不是韵律词跟复合词的构造模式，而是自由短语的构造模式（冯胜利，1997）[①]。其实，对三字组合的词汇身份的问题，早在 20 世纪 70 年代末吕叔湘先生就曾发表过意见，他说：“四个语素的组合多半可以算两个词，即使其中有一个不能单说……三个语素的组合也是多数以作为一个词较好。”（吕叔湘，1979：22）我们也曾因不同意一些学者以是否有比喻义为由把三字组合的单位分作惯用语和词两类或分作成语和词两类，而把三字组合单位一律划入词的行列（周

① 该观点以“单—双式结构”不是所谓“韵律词跟复合词的构造模式”为由否认“软包装、非常设、血循环、纸老虎”等词的资格，只承认“海岸线、空白点、龙门刨、铜版画”这样的“双—单式结构”是所谓“韵律词跟复合词的构造模式”；继而，又称三音节和三音节以上的组合都不是韵律词，并进一步否认单字、双字之外所有单位的词的资格。

荐，1998）。坦白而言，把三字组合单位统统划入词，或有矫枉过正之嫌；而无视三字组合中的一些单位的词的资格，或者径按是否为比喻义而将三字组合分为惯用语和词或分为成语和词，也难得出确当的结论。我们可具体分析一下《现汉》中三字组合的情况，以更明了吕叔湘等先生将三字组合视为词的原因。

我们曾对《现汉》（修订本）做出过统计，其收有由三个字构成的三音节单位 4924 个。全部的三字组合单位，如果从节律上分析，则要将“观世音、白兰地、比基尼、勃朗宁”这些表现为一个语素的单位排除在外。能够从节律上分析的三字组合单位有三类：第一类为 2 + 1 式，共 2998 个，约占三音节单位总数的 61.88%，如“梆子腔、爆发音、彩色片、共和国”；第二类为 1 + 2 式，共 1826 个，约占三音节单位总数的 37.71%，如“半元音、出门子、大团圆、假撇清”；第三类为 1 + 1 + 1 式，共 18 个，约占三音节单位总数的 0.37%，其中纯粹由拉丁字母构成的有 14 个，由汉字构成的只有“碧螺春、短平快、里外里、马大哈”等为数不多的几个。所以，现代汉语三字组合单位的实际数目是 4910 个。如果从语素的数量上分析，也可分为三类：第一类为表现为一个语素的三字组合单位，只有 82 个，约占全部三字组合单位总数的 1.67%，一般是音译外来单位，如“开司米、康拜因、马拉松、马赛克”，这类三字组合单位词的身份毋庸置疑；第二类为表现为两个语素的三字组合单位，共 222 个，约占全部三字组合单位总数的 4.52%，如“格里历、肌纤维、糊涂账、蝴蝶装”，把这类单位划入词的行列多半也无疑义；第三类为表现为三个语素的三字组合单位，这类单位最多，有 4606 个，约占全部三字组合单位总数的 93.81%，如“喝墨水、架子猪、连裆裤、死老虎”，这类单位不仅数量大，结构关系也最为复杂，它们能否成词值得进行深入的研究。

我们同样把构成成分分作已退化的、退化中的和未退化的三类，就其结构成分能否独立而对其进行分析。两个直接组成成分都能独立或独立性强的，可视为非词，如由“犯”和“节气”构成的“犯节气”、由“义务”和“兵”构成的“义务兵”等。两个直接组成成分都不能独立或独立性弱的，或者至少其中一个直接组成成分不能独立或独立性弱的，可以视为词，如由“人民”和“币”构成的“人民币”等。另有一部分两个直接成分虽难独立成词，但是两个语素却可经常性地相组合，并在一些复合词或派生词中充当一个独立的结构项，如构成“驴皮胶、驴皮影”等的“驴皮”，构成“百分比、百分表、百分尺、百分点、百分号、百分率、百分制、百分数”等的“百分”等，均可视为词。除此之外，剩余的单位中，少数只能是三分的，如“短平快、马大哈”；更多的是虽为两分，但所分出来的由两个语素构成的那个直接组成成分，只是个短语性质的单位，绝无独立成词的可能，也非经常性组合在一起使用的单位。它们大抵是按照下列方式构成的：

（1）嵌入法。即在原有的词的基础上嵌入一个成分使原双音节双语素词成为三字组合单位，如“帮倒忙”的结构分析虽是“帮”“倒忙”，但这个三字组合单位却是在原词“帮忙”的基础上嵌入“倒”构成的。属于此类的还有“告地状、喝倒彩、打嘴仗、打边鼓、吊脚楼”等，这类单位多半具有句子的性质，可以看作非词。

（2）缩合法。即以缩合的方式将原有的两个词经过重组构成一个三字组合单位，如“错别字”通常被分析作“错别”“字”，但“错别字”这个三字组合单位却是将“错字”和“别字”缩合而成。属于此类的还有“管弦乐、红绿灯、黑白片、高低杠、悲喜剧”等，这类单位词的性质比较明显。

（3）简缩法。即从一个较长的固定结构中截取出三个字构成一个三字组合单位，如“安理会”是从“（联合国）安全理事会”中截取出“安”“理”“会”三字构成的。属于此类的还有“共青团、少先队、科教片、教研室”等，这类单位是缩略词和简称词。

（4）短语凝固法。即原短语已凝固为三字组合单位。这一种又可分为两小类，一类是在古代时便已形成的，有较为浓重的古雅色调，如“清君侧、换言之、执牛耳、跳加官”；另一类是晚近以来形成的，有较为强烈的俚俗色彩，如“春不老、赔不是、短不了、玩得转”。上两小类的结构分析，或者是 1 + 2 式，或者是 2 + 1 式。以短语凝固法构成的单位，最难具有词的性质，除非他们已具有了明显的转义。

（5）逆序法。即三字组合单位中的双语素组合体的结构顺序与常序相反，以这逆序的双语素组合体与另一个单语素相结合，构成三字组合单位，如“雨刮器”中的“雨刮”，按常序应为“刮雨”。以逆序法构成的单位易于成词，因为它们的结构模式是词所独具的。

（6）喻借法。即三字组合单位中的双语素组合体，分别以两种事物对象为体喻或借体，然后与另一个单语素相组合，构成三字组合单位，如“玉兰片”既非玉也非兰，而只是晒干了的白色嫩笋片。这类单位一般都可算作词，因为它们都是靠转义的方式构成的，而且也都具有了转义（周荐，1993）。

四、词汇格式的类型化趋势

据我们对《现汉》（修订本）的统计，该词典收条目凡 58481 个。其中，单字 8795 个，约占词典收条总数的 15.039%，有单素单字的如“捋、神、秃、也”，也有单字非素的如“玻、枇、琶、瑟”；双字组合有 39548 个，约占收条总数的 67.625%，有双素双字的如“语言、风格、风化、老鹰”，有单素双字的如“逻辑、坦克、嶙峋、忸怩”；三字组合有 4910 个，约占收条总数的 8.396%，有三素三字的如“图书馆、小气候、羊肠线、运动量”，有双素三字的如“格里历、佝偻病、蝴蝶装”，有单素三字的如“马赛克、荷尔蒙、布拉吉、开司米”；四字组合有 4798 个，约占收条总数的 8.204%，有四素四字的如“软硬兼施、强弩之末、零敲碎打、货真价实”，有三素四字的如“红葡萄藤、十八罗汉、虚无缥缈、阿鼻地狱”，有双素四字的如“高尔夫球、日耳曼人、伊斯兰教、达斡尔族”，有单素四字的如“盘尼西林、歇斯底里、阴丹士林、布尔乔亚”；五字组合有218个，约占收条总数的0.373%，有五素五字的如“国家所有制、无后坐力炮、脚踩两只船、小巫见大巫”，有四素五字的如“蚍蜉撼大树、加农榴弹炮、狮子大开口、树倒猢狲散”，有三素五字的如“马拉松赛跑、立克次氏体、欧罗巴人种、阿拉伯数字”，有双素五字的如“爱斯基摩人、哀的美敦书、萨噶达娃节、柯尔克孜族”，有一素五字的如“布尔什维克”；六字组合有104个，约占收条总数的0.178%，有六素六字的如“有过之无不及、真金不怕火炼、政治协商会议、自由落体运动”，有五素六字的如“第一宇宙速度、胳膊肘朝外拐”，有四素六字的如“SOS儿童村”，有三素六字的如“格林尼治时间”，有一素六字的如“英特纳雄耐尔、普罗列塔利亚”；七字组合有48个，约占收条总数的0.082%，有七素七字的如“车到山前必有路、不见棺材不落泪、打开天窗说亮话、牵一发而动全身”，有六素七字的如“第二次鸦片战争、一个萝卜一个坑、胳膊拧不过大腿、按下葫芦浮起瓢”，有四素七字的如“奥林匹克运动会”，有三素七字的如“马克思列宁主义”，有双素七字的如“盎格鲁-撒克逊人”；八字组合有50个，约占收条总数的0.086%，绝大多数都是八素八字的，如“巧妇难为无米之炊”“百尺竿头，更进一步”“兵来将挡，水来土掩”“成也萧何，败也萧何”，只有“螳螂捕蝉，黄雀在后”一例可以说是七素八字的；九字组合有7个，约占收条总数的0.012%，有九素九字的如“搬起石头打自己的脚”“第二次国内革命战争”“第三次国内革命战争”“冰冻三尺，非一日之寒”，有四素九字的“尼格罗—澳大利亚人种”；十字组合只有2个，约占收条总数的0.003%，都是十素十字的，它们是“留得青山在，不怕没柴烧”“只要功夫深，铁杵磨成针”；十二字组合只有1个，约占收条总数的 0.002%，也是十二素十二字的，它是“只许州官放火，不许百姓点灯”。

如上，《现汉》所收单字是 8795 个，用这 8795 个单字自相组合造就的双字单位是 39548 个，数量增加了将近 3.5 倍。按道理，用这 39548 个双字单位再进一步自相组合，会造出远远高于此数的三字组合单位、四字组合单位以及其他格式的单位才是。然而事实却恰恰相反，三字组合单位和四字组合单位的数量都仅仅是双字组合单位数量的八分之一，五字组合单位的数量更仅仅是双字组合单位数量的十八分之一，五字以上单位的数量则更是少得可怜，与双字组合单位的数量不成比例。这一现象说明，在语言词汇的创造者和使用者的心目中，双字组合最具词的资格，三字组合、四字组合以及五字组合也具词汇格式的类型化的趋势，其他格式则不大具有词的资格，更不具词汇格式的类型化的趋势。①

第二节 心理词长与词典词长

词长，指的是词汇单位的长度。词汇单位的长度，实际上要谈两

① 与上述现象密切相关的另一个问题也值得人们注意，那就是：由双字组合而三字组合而四字组合而五字组合，词长愈长，该单位成词的比率愈低；反之，词长越短，该单位成词的比率越高。我们曾试着做了一次抽样性的问卷调查，发现双字组合中能够被确认为词的单位的比率高达 98% 以上，只有 2% 左右的单位被视为成语或自由词组；三字组合中能够被确认为词的单位有 50% 左右，另外将近一半的被视作惯用语或成语，个别的被人们视为自由词组；四字组合中能够被确认为词的只有 27% 左右，另外的 73% 的单位被人们认定为成语、惯用语或是由词与词组合而成的专有名词；五字组合中能够被确认为词的只有 9% 左右，另外的 91% 左右的单位被人们看作是成语、惯用语或是专有名词；由六字和超过六字构成的单位中，除了那些为数甚少的音译外来词外，几乎没有什么单位能被人们视为词了，而都被人们看作是专有名词、成语、惯用语、谚语等。这一现象亦可说明双字组合最具成词的资格。

方面的内容，一个是词的长度，另一个是所有的词汇单位的长度。汉语的词汇单位主要是由字、词、仿语、熟语所构成的一个系统，各类词汇单位的长度不一，语文性或语文兼百科性的词典把多种词汇单位搜集在一起时需要对所收条目的长度有一个限定。

一、词汇单位的心理长度

（一）词的长度

词是有典型格式与非典型格式之别的。词的典型格式是双字格，词的次典型格式是三字格，个别的词也有由四个字甚至五个字构成的——当然，超过三字的那些词的形式也都属于词的次典型格式。之所以这样说，是基于以下列事实：清·翟灏《通俗编》可看作中国古代或至少是清代词语类工具书的代表。该书收条共计 5558 个，其中双字词汇单位有 2242 个，约占 40.34%，例如“风色、连襟、卖官、名纸”等，三字词汇单位有 696 个，约占总数的 12.52%，例如“打头风、挂龙雨、雪等伴、朝暮人”等。两者相加有词 2938 个，约占该书收条总数的 52.86%。《近现代汉语新词词源词典》所收条目可看作 19 世纪末至 20 世纪初汉语词语的代表。该词典收条凡 5056 个[①]，其中双字词汇单位有 2567 个，约占 50.77%，例如“环球、季风、卵巢、视线”等，三字词汇单位有 1690 个，约占 33.43%，例如“动滑轮、花条马、凝聚力、电压表”等。两者相加有词 4257 个，约占该书收条总数的 84.20%。《现汉》（修订本）可以看作 20 世纪中叶直至 20 世纪 90 年代初汉语词语类工具书的代表。该词典收条凡 58481 个，其中双字词汇单位有 39548 个，约占 67.63%，例如“返潮、津液、三副、小卖”等，

① 该词典姚德怀序称收条 5275 个，似有不确。

三字词汇单位有 4910 个，约占 8.40%，如“三联单、小金库、修辞格、普及本”等。两者相加有词 44458 个，约占该书收条总数的 76.03%。《新华新词语词典》收录 20 世纪 90 年代以来的词汇单位凡 2168 个[①]，其中双字词汇单位有 1204 个，约占 55.54%，如“盗印、跟进、卖场、梯次”等，三字词汇单位有 324 个，约占 14.95%，如“冷和平、倒计时、蓝筹股、烂尾楼”等。两者相加有词 1528 个，约占该书收条总数的 70.48%。《汉语新词语词典（2000—2020）》收录 4263 条新词语，其中，双字词汇单位 2141 个，占比 50.22%，如“傲娇、给力、房奴、拼车、微博、微信”等，三字词汇单位 1264 个，占比 29.65%，如“大数据、新常态、断崖式、骨灰级、女汉子、中国梦”等。两者相加有词 3405 个，约占该书收条总数的 79.87%。由上述工具书收条情况不难看出，双字词汇单位、三字词汇单位在汉语词汇中占有相当大的比例，两者之和在整个词汇中占压倒的多数。我们还可看到，双字词汇单位的数量远大于三字词汇单位的数量，因而我们可以把双字格视为词的典型格式，把三字格看作词的次典型格式。

（二）仂语的长度

仂语的典型长度是四个字。《中国网络语言词典》收录纯由汉字构成的词汇单位 1044 个，其中单字词汇单位有 12 个，约占 1.15%，如“鸡、鼠、宰、砖”等；双字词汇单位有 239 个，约占 22.89%，如“触网、硬猫、域名、主版”等；三字词汇单位有 124 个，约占 11.88%，如“集线器、局域网、哑终端、制网权”等；四字词汇单位有 462 个，约占 44.25%，如“原创资讯、主板市场、资讯服务、邮箱炸弹”等；五字词汇单位有 113 个，约占 10.82%，如“城市资讯港、代理伺服器、病毒样本库、多线程下载”等；六字词汇单位有 57 个，约占

① 该词典凡例称收条 2200 个，似有不确。

5.46%，如“传输控制协定、电子通用语言、非依赖型用户、互助性问答网”等；七字词汇单位有16个，约占1.53%，如“不完全电子商务、电信金融联名卡、互动式网络电影、网络接入服务商”等；八字词汇单位有13个，约占1.25%，例如“第三方电子化服务、多语言国际化域名、广域信息服务系统、交互式个性化电视”等；九字词汇单位有4个，约占0.38%，是“电子商务服务提供者、赛柏空间的视觉形式、先进研究计划处网路、中国互联网管理中心”；十字词汇单位有2个，约占0.19%，是“综合性互联网资讯服务、中国公用计算机互联网”；十一字词汇单位和十二字词汇单位各有1个，各约占0.09%，前者是“计算机紧急情况反应小组”，后者是“国际电报与电话咨询委员会”。从以上统计数据我们可以得出两点结论性的认识：第一，从四字到十二字的669个仂语性单位，其中四字的在全部仂语中约占69.06%，说明四字仂语在仂语中居于优势的地位；第二，仂语的长度通常应以十字为限，最长的一般也不大会超过十二字。这后一点认识，我们还可以用《现汉》所收仂语的情况加以佐证:《现汉》除收取大量的四字仂语为条（如“案头工作、木雕泥塑、自治机关、综合利用”等）外，还收取了一定数量的超过四个字的仂语为条，如五字的“海洋性气候”，六字的“动脉粥样硬化”，七字的“国际日期变更线”，八字的“和平共处五项原则”，九字的“第二次国内革命战争”。《现汉》虽然也收取了十个字的单位（“留得青山在，不怕没柴烧”“只要功夫深，铁杵磨成针”）和十二个字的单位（“只许州官放火，不许百姓点灯”），但那都不是仂语而是熟语;《现汉》收取的仂语，长度最长的是九个字的。

（三）成语的长度

成语的典型长度也是四个字。《中国成语大辞典》收条总数为17934个，其中四字格的有17140个，约占总数的95.57%，包括一些双四字格的形式，如“道高一尺，魔高一丈”“智者千虑，必有一失”“项庄舞剑，意在沛公”“落花有意，流水无情”等。当然，说成语的典型形式是四字格，就意味着成语也还有一些是非典型的形式，即非四字格的。《中国成语大辞典》中收有非四字格的成语 794 个，仅约占总数的 4.43%，如“莫须有”“牛马走”“物不平则鸣”“图穷匕首见”“顾左右而言他”“起死人，肉白骨”“行百里者半九十”“是可忍，孰不可忍”等。由此看出，成语的长度，短可三字，长可八字。但是，八字的成语一般都是双四字格对称结构的[①]，非对称结构的成语一般都少于八个字。在超过四字的典型成语的问题上，还存在着续写成语的现象。例如，有成语“望子成龙”，便有人在其后续写上“望女成凤”，以形成对称式的“望子成龙，望女成凤”。[②]

（四）惯用语的长度

“惯用语”这一术语，我们不认为其所指的是那类由三个字构成的、意义非字面上的单位，如“穿小鞋、碰钉子、捞稻草、赶浪头”等，而认为它所指的应是四个字或四个字以上的表意俗白的单位。“穿小鞋”等单位，我们认为与“自来水、荧光灯、自行车、斑马线”等同属词的单位，是三字词中的一个离合性的次类（详见周荐，1998）。惯用语中由四个字构成的单位略多，因此我们可以把惯用语的典型词长定为四字，如“仨瓜俩枣、仨饱俩倒、有一得一、喝西北风”等。

---

① 双四字格成语，也称“骈体成语”和“双句成语”。参看吴越（1982）、舒雁（1990）。

② “成语”是汉语语言研究史上的一个重要术语。作为术语出现之前，“成语”一词应已存在了不短的时间。“成语”作为术语出现，意味着汉语语言研究史上第一个重要术语“语”完成了雅俗的分化。“成语”曾与一众词语所指大体一致，共存数百年，到清代，其他词语渐次不再指称这一对象，“成语”成为专指这一对象的词汇单位。在“成语”由非术语向术语转化的进程中，人们对“成语”的认识有一个由含混到清晰的渐进过程，其中留下了一些值得今人探寻和把握的线索（周荐，2022）。

惯用语当然有超过四字的，如五字的“脚踩两只船”，六字的“官盐当私盐卖”，七字的“敬酒不吃吃罚酒”，八字的“癞蛤蟆想吃天鹅肉”，九字的“老天爷饿不死瞎家雀”，十字的“能挑千斤担，不挑九百九”，甚至有超过十字的，如“以其人之道，还治其人之身”“拳头上立得人，胳膊上跑得马”“只能骗过猪八戒，骗不了如来佛”“你走你的阳关道，我走我的独木桥”等。惯用语可有单小句型和多小句型两类。单小句型的长度一般会以十字为限；多小句型一般是由双小句构成的，个别的也有由三个小句或三个以上的小句构成的。双小句型的惯用语的长度，一般也不会超过两个单小句惯用语之和。

（五）歇后语的长度

歇后语是由一引一注的双小句组合而成的单位。无论是引子部分还是注释部分，字数多寡不拘，短可一字，长可数字，一字的如“老道的房子——妙（庙）”“鞋底儿抹油——溜”，数字的如“大水冲了龙王庙——一家人不认识一家人”“武大郎卖豆腐——人软货不硬”等。歇后语引子部分、注释部分的长度多数情况下长于一个字。无论引子还是注释部分，多数是由单小句独立构成，少数是由双小句构成（如“捉鳖的下了塘——不但吓坏了王八，也急坏了黄鳝”“猪向前拱，鸡往后扒——各有各的路”等）。由单小句构成的引子部分或注释部分，其长度一般以一个惯用语的长度为限，很少有超过十个字的。

（六）谚语的长度

谚语是人们在对生产、生活经验总结的基础上形成的，也有的是劝诫讽喻性的。谚语在古代学者眼里是承袭自古代的，所以《说文》说：“谚，传言也。”段玉裁注：“传言者，古语也。”对生产、生活经验进行总结的谚语当然多是先人创造而后流传下来的，如“葱怕雨淋蒜怕晒，大堆里头烂白菜”“饭后一支烟，赛过活神仙”；劝诫讽喻性的谚语，有一些是对现实现象的及时反映，很难看作是“传言”和“古语”。或者应该说段氏所说“古语”的“古”，不能理解作古代的“古”，而应理解为与“今”相对的“古”。距今遥远（比如千万年）自然是古，距今不远（比如百十年甚至更近）也同样是古。现代当然亦可产生谚语，而且现代的谚语一如古代，也是先在大众口头造就而后才被一些书面文献引用，甚至被收入谚语类的工具书的。这是从谚语的流传方式的先后上说的。从谚语的采集过程上看，古今亦无大的区别：古代是采风以知民情，现代的一些谚语（尤其是劝诫讽喻性的谚语）的采集也反映出政府对民意的重视态度——如安徽省原常务副省长王怀忠腐败案的揭露，与在该贪官任职的阜阳市和安徽省“王怀忠当市长，阜阳没有共产党；王怀忠做省长，安徽百姓要遭殃”这一谚语的广为流传不无关系。据报载，中共中央纪律检查委员会就是把采集民谚作为考察地方干部德行的一个管道的。

从以上例子不难看出，谚语的长度不像字、词、成语、仂语那样规整，也不像惯用语、歇后语那样为一定的形式所限制。我们日常所见所用的谚语多是长度较短的单句形式的（如“朝里有人好做官、舌头底下压死人、久病床前无孝子、好汉不吃眼前亏”），但是也有相当数量的谚语是由两个或两个以上的小句构成的。由两个小句构成的谚语如“官不打送礼的，狗不咬拉屎的”，由三个小句构成的谚语如“马看牙板，树看年轮，人看言行”，由四个小句构成的谚语如“牛耕田，马吃谷，自己养崽，别人享福”。《通俗编》所收的最长的谚语是由八小句三十二个字构成的“春雨甲子，赤地千里；夏雨甲子，乘船入市；秋雨甲子，禾头生耳；冬雨甲子，牛羊冻死”。如此看来，谚语的长度似乎是没有限制的。之所以会如此，怕是和它们与谣这类单位关系密切有关。在古代，歌和谣不是同一种事物，《诗经·魏风·园有桃》：“我歌且谣。”毛传：“曲合乐曰歌，徒歌曰谣。”“曲合乐”的歌，不易转化为谚，“徒歌”的谣却很容易转化为谚，因为谚也无须“曲合乐”。

后世“谣谚”的合称，或许正反映出这两种事物相近而最终变得“你中有我，我中有你”的事实。谣可长可短，谚语的长度也难有硬性的规定，它们都只为如下两个因素所制约：对称和叶韵。对称和叶韵能使人的记忆得以强化。当然，记忆的限度又不容许谚语的长度无限膨胀和扩张。①

二、从词长看词典词汇单位的确定

各类词汇单位的心理长度，我们在上文中分别做了分析：词的长度较为复杂，典型格式是双字格，次典型格式是三字格；仂语和熟语一般以四字为常；惯用语、歇后语、谚语的长度则不那么规整。上述所举单位，无论是无意义的汉字组合体还是有意义的汉字组合体，它们都归属于汉语词汇，是汉语的词汇单位。我们可以把一个词汇单位称为一个“集成块”（chip）。一个“集成块”，其音节组合的长度、意义组合的长度，从理论上说都是无限的。或者可以这样说：任何一个一定长度的单位都可以再加上一些成分使所组合而成的集成块更长。然而，语言中实际的词汇单位，其音节组合的长度和意义组合的长度都是有限的。《现汉》所收的条目长度最长的是双小句十二字的“只许州官放火，不许百姓点灯”，而没有把“七十三,八十四，阎王不叫自己去”“前不栽桑，后不栽柳，门前不栽鬼拍手”“三个秀才说书，三个屠夫说猪，三个女人说夫，三个老板说苦”“一个皮鞋匠，难出好鞋样；两个皮鞋匠，有事好商量；三个皮鞋匠，胜过诸葛亮”这些长于十二个字的、超过两个分句的熟语也一并收列。这道理其实也很简单：

① 名言、格言和警句在某种意义上也可以看作谚语的小类——表示劝诫和祝颂等的谚语，倘若出自名人之口，即成为名言；倘若惊警性较强，即成为格言或警句。因此，名言、格言和警句的长度也就与一般的谚语的长度有着相类之处。

《现汉》这样的词典必须为所收条目的长度做出一个规定，超过十二字长度的、多于两个分句的单位即使再有价值也只好舍弃；因为任何一部语文性或语文兼百科性的词典都不可能不对条目的长度有所限定，任何一部语文性或语文兼百科性的词典都会尽量使所收条目在有限的长度内负载尽可能大的含量，也会尽量使所收的各类条目的长度不要相去太远。《现汉》是语文性词典或语文兼百科性的词典，而不是以收录某类专门的熟语为己任的工具书，其所收的条目最长的只有十二个音节、十二个语素，即十二素十二字的单位，这也可说明问题。

无意义的汉字组合体的长度是有限的，这是因为人脑对无意义的汉字组合体长度的记忆是有限的。叶绚、曹日昌、陈光山、叶顺和四位先生 1980 年的研究表明："无意义联系汉字的视、听同时记忆广度（瞬时记忆最大值）约为 5 个字。"从《现汉》收条情况来看，无意义汉字组合体被收入最多的是双字组合，有 520 个单位，其中联绵性的单位 293 个，外来性的单位 227 个；其次是三字组合，有 96 个，都是外来性的单位；再次是四字组合，有 12 个，也都是外来性的单位；五字组合和六字组合只各有两个外来性的单位，而且都是政治性的词汇单位。可以看出，由双字组合到五字或六字组合，无意义汉字组合体的长度和所组合而成的单位的数量是成反比的。也就是说，无意义的汉字组合体，由双字组合到五字或六字组合，长度上每增加一个汉字，组合而成的组合体的数量就相应成几何级数减少。

相较而言，有意义的汉字组合体组合的可能性要大于无意义的汉字组合体，这是因为组合成组合体的有意义的汉字（语素）起了提示意义的重要作用。从《现汉》收条情况来看，有意义的汉字组合体被收入最多的是双字组合，有 39028 个，是无意义双字组合的 75 倍还多；其次是三字组合，有 4814 个，是无意义三字组合的 50 倍还多；再次是四字组合，有 4786 个，是无意义四字组合的近 400 倍；等而下之，五字组合有 216 个，是无意义汉字组合体的 108 倍；六字组合有 102 个，是无意义汉字组合体的 51 倍。仅从上面的比较就可看出，由双字组合到六字组合，有意义的汉字组合体单位的数量是无意义汉字组合体所不可企及的。有意义的汉字组合体从长度上看当然也不能无限地长，它与无意义汉字组合体一样，每增加一个汉字，数量就相应递减。但是，无意义的汉字组合体所可以组成的长度，仍无法与有意义的汉字组合体相比匹：有意义的汉字组合体在《现汉》中所收的条目可达十二素十二字，在其他熟语类工具书中所收的条目长度可达二三十个语素和汉字，而无意义的汉字组合体在《现汉》所收的条目中最长的只有六字，在《汉语外来词词典》所收的条目中最长的是八字。

现代汉语中最占优势的是双字组合，双字组合的词长是现代汉语的最佳选择。早在先秦，汉语中就出现了为数可观的双字组合，如见于《诗经》“桃李、颜色、乔木、政事”，见于《尚书》的“经营、饮食、艰难、勤劳”，见于《论语》的“疾病、润色、草创、四海”，见于《韩非子》的“束缚、周旋、自然、权衡”。汉语中的双字组合，自上古至现代，是呈逐步递加的态势的。向熹编纂的《诗经词典》（修订本）收录《诗经》里出现的单字 2826 个（不计异文），收录双音节词 1000 个。这表明，在《诗经》时期双音节词只占词汇的 26.137%。张万起编纂的《世说新语词典》收录《世说新语》中出现的词语 9287 个，其中双音节词 4828 个，占总数的 51.987%。龙潜庵编纂的《宋元语言词典》收录宋元时期出现的词语 11172 个，其中双音节词 7234 个，占总数的 64.751%。而到了现代，《现汉》收双音节词已占收条总数的 67.625%。

双字组合由于自上古而中古而近古现代的递嬗发展，成为现代汉语词汇的基本模式或范式。双字组合之外的单位当然也随着语言的发展而发展，如三字组合在《诗经》中非常罕见，而在《世说新语》中已出现了 679 个，占《世说新语词典》收条总数的 7.311%，在宋元时期的语言中已出现2116个，占《宋元语言词典》收条数的18.940%，在现代，高歌东等人编纂的《汉语惯用语大辞典》已收三音节单位8087个。这或许可以表明，三字组合也有逐步递增的趋势。当然，三字组合还很难取代双字组合而成为现代汉语词汇的基本模式或范式，至少在目前看来是如此。三字组合的稳定性远不如双字组合，权威词典的编者常以审慎的态度对待之，《现汉》收录三字组合仅有4910个，它在该词典收条总数中也只占到大约8.396%，就充分说明了这一点。

三、从词典收条再看词的单位的确定

在《现汉》中，字串因备受瞩目而成为该词典的主要的收条对象的，就只是双字组合、三字组合、四字组合这三类。由五字、六字、七字、八字、九字、十字乃至十二字构成的字串，由不相连属的两字框架构成的待嵌格式，其数量都远不能与上三类相比。双字组合在《现汉》编者的心目中最具成词的资格，已不难明了。三字组合、四字组合虽难与双字组合相敌，但是三字组合、四字组合的数量和两类组合数量上的接近，亦可说明它们在词典编者心中的分量。但是，双字组合、三字组合和四字组合是《现汉》主要的收条对象，却并不意味着它们都具有成词的资格，即都是词。这点前面也已经做了分析，从汉语史上先人将双语素双音节单位视为词的渐进过程也可以看得清楚。例如，先秦典籍中出现了“夫人、后生、谗言、京师”，《世说新语》中出现了“遇害、起事、罗列、凋敝”，敦煌文献中出现了“破除、非分、北斗、借问”，宋元时代的作品中出现了“包子、阵脚、护膝、卖嘴”。清人纂辑成的工具书中更有大量此类单位，如翟灏的《通俗编》收有“事件、师兄、医生、干笑、齿冷、谈柄、心肝、毒手”等单位，梁同书的《直语补证》收有“手段、破钞、纣棍、大虫、路祭、月牙、白酒、院子”等单位，钱大昕的《恒言录》收有“年纪、少年、花甲、气节、夸张、明白、清高、稳当”等单位。这些单位被收入书中，说明它们在著作者、纂辑者眼里是与“风花雪月、因祸得福、非驴非马、安步当车”等单位具有同样的词汇单位的身份的。到近代，符定一之所以在《联绵字典》中把大量的非联绵词收入其中，怕也与他开始把双语素双音节单位视为一个凝定的词而不再视为两个词的认识有关。而一个双语素双音节单位究竟是词还是非词，或者是过渡状态中的准词，判断起来有时是一个非常棘手的问题。先秦典籍中有“公田、人臣、新声、强毅、温其、载路、假哉、斯频”等,《世说新语》中有“色养、骄汰、开美、君章、贵游、衿契、目精、觉损”等，敦煌文献中有“厥错、觅曲、升常、退故、招交、拥搭、阳焰”等，宋元时代的作品中有“上茅、分定、动劳、私休、同产、刚捱、阵马、坡撇”等，它们都不被今人视为词。清人作品中收入的一些单位如今看来也未必就是词，如《通俗编》中收入的“手滑、蒜发、了鸟、后溲、游谈、眼语、沫饽、砚瓦”,《直语补证》中收入的“笨人、火囤、发酒、乡风、一积、累重、市买、解交”,《恒言录》中收入的“寒温、奔竞、招权、不好、令兄、家叔、尊府、忝眷”。即使《联绵字典》中所收的单位也不敢说都是词，如“偶语、两端、凶札、劓绝、厚善、古也、同异、嚣顽”。

当然，上面所举例中有的单位是古代的词而不用于现代汉语，因而它们给我们的感觉是它们不具有词的单位的资格。但是还有一种情况是，它们在古代汉语中也未必是词，那些著作把它们视作词，仅仅是根据著作者、纂辑者自己对词的认识而已，不一定得到了所有人的认可，否则能为某部书收入的词就会也为其他所有的书收入了。到现代，权威的《现汉》所收的单位是否都能得到所有人的认可，也是需要研究的。例如，该词典收入了以虚语素“着”缀附而成的词“向着”，却没有收入同类的单位如“背着”等。也许会有人说“向着”除有“朝着、对着”义外，还有“偏袒”义，因而是词；而“背着”等没有“向着”的“偏袒”义那样的转义，因而不是词。但是，该词典却并不总是以“有转义则收，无转义则不收”为原则的，一些似乎本该收入的词而没有被收入。例如，该词典收了“船长”而未收“机长”，收了“适当、恰当”等而未收“适切、恰切”等，就使人感到词典的编者在编纂词典时所据标准似乎并不十分严格和一律。

其实，一部词典收了哪一个单位作条目而没有收另外的单位作条目，自有该词典编者的理论考虑。任何一部词典的编纂者之所以在所编纂的词典中收了某个单位作条目，是因为在他们看来该单位已具有了词汇单位的资格；之所以没有把某个单位作为条目收进其所编纂的词典中，是由于他们不认为该单位已具有了词汇单位的资格。在此问题上，旁人似乎不宜随意评头论足，妄加臧否，更何况理论本身也未必已十分完善，准此做出的条目取舍的安排也自然而然会有这样或那样的不尽如人意之处。然而，汉语词汇学对词的确定的研讨已历多年，应该拿出一个令多数人可以接受的方案来了。即使所拿出的方案尚不能说服所有的人，至少在理论深化这一点上还是有益的，有助于启发人们进一步的思考。

汉语词汇学在词的确定上所取的理论最早是深受苏联语言学影响的，五六十年代影响最大的一点就是看词的同一性和分离性。以同一性和分离性来进行词的确定，确能使词以词位的身份确定下来，使词组与词分别开。对汉语这样多以字为语素而充作词的构件的语言，究竟哪些字的组合算是词、哪些字的组合不算是词，词的同一性和分离性理论也确实有一定的理论指导意义。但是，汉语毕竟不同于创造出词的同一性和分离性理论的西方语言，字与字的组合未必能从句法的组合规律上得出多少解释性很强的结论；汉语词的构成更多依赖的是字与字意合的融合性（徐通锵，1997）。由于汉语词汇历史上单音节的性质，在现代汉语的一个字只要是能够独立自由地使用的，就仍旧是词；如果它是不能够独立自由地使用的，就代表一个语素（如“民、皿、睫、惘”），或者与一个音节相当（如“玻、璃、琵、琶”）。这一点无论谁都不会怀疑。汉语字的典型形式是单音节的，这导致人们在看待字时容易把注意力集中在它的意义内容上，而不大去关注它的语音形式。一个词汇单位，只要它所表达的是一个意义，无论它有多少个音节，就都会被认为是一个词。因此，单纯的联绵性的单位也好，外来性的单位也好，都毫无疑义地被看作是词——联绵词和外来词。两个或两个以上的字的组合能否算作词，成了汉语词汇学上颇有争议的一个问题。争议主要集中在两点上：词与自由词组的关系、词与固定词组的关系。词与固定词组的分野似乎很难只根据意义的标准来进行，因为表义的比喻性并不专属于固定语，也不专属于词。可以考虑结合使用形式的标准，比如可以以一个字一个音节的形式为一个计量单位，一定限量内的字的组合体可以算作词，超过一定限量的字的组合体可以看作固定词组。从我们的统计看，双字组合在现代汉语中比单字和其他多字组合所占比重都大，是一种强势组合，最具成词的能力。

词与自由词组的分野，可以考虑组合成分间的融合性。所谓融合性主要是看如下两点：第一，组合体中的成分是否具有较为自由的游离性；第二，组合体是否具有较为完整的整体意义。组合体中的成分具有较为自由的游离性的，我们就认为该组合体融合性较弱，反之就认为较强；组合体中的成分虽具一定的游离性，但所构成的组合体具有完整的整体意义，我们也认为该组合体融合性较强，反之就认为较弱。根据融合性强弱的不同，可以将字所构成的单位分为三种情况：第一种，成分间融合性强的可以视为词，如《现汉》收入的“猪鬃、羊绒”；第二种，成分间融合性弱的，可以视为自由词组，如《现汉》未予收入的“猪肉、羊腿”；第三种，成分间的融合性不强不弱的，说明该单位还不是词或尚处于词汇化的过程中，从发展的角度看可以视之为准词，如《现汉》前期未收引人质疑的“洋火、晒正”等，而后

《现汉》第7版予以收录，说明其完成了由准词到词的过程，融合性增强。当然，根据融合性强弱分析出来的单位未必就适应于一切词典：有的融合性强的单位，因其属于方言就只宜被收列于方言词典而不宜也收列于共同语词典；有的只在某个方言显现出融合性，就只是属于该方言的词典，不在另外的方言中显现出融合性，就不属于另外方言的词典。同理，之所以会出现古人眼中是词而在今人眼里不是词的双字组合的情况，是因为古人认为该双字组合具融合性而今人认为它不具有融合性；反过来也一样，之所以会有今人眼里是词而古人眼中不是词的情况，是由于今人认为该双字组合具有融合性而古人不认为它具融合性。

第四章　造词与构词

作为语言学中的两个术语，“造词”和“构词”是两个既有联系又有区别，且含义完全不同的概念。“造词”是指词的创制，而“构词”则是指词的结构规律，因此，“造词”和“构词”从性质到内容完全不同。人们之所以造词，其目的是为了满足社会交际的需要，比如社会的发展、客观事物的发展、人们认识的发展以及语言本身的发展都会出现创造新词的需求，词语就是在这种需求下，从无到有地被创造出来的。因此造词是创制新词，它要解决的是一个词从无到有的问题。例如，“高铁、电脑”的创制是由于客观事物的出现，而随着人们认识的发展，很多新词也会被创制出来，比如近年出现为大家熟知的新词“宅男、月光族”等。与造词不同，构词是词的内部结构问题，通过对现有词语的内部结构进行分析，人们能总结出它们的内部结构规律，如对“高铁”内部结构分析的结论是其属于复合式偏正型的合成词。

参与复合词造词的字大多数是作为实语素的字，因此实语素与实语素相结合是复合词的典型形式，如“苹果、打扮、爱好”等。参与复合词造词的字也可以是虚语素的字，但合成词的虚语素一般都被认为是词缀，但也有参与造词的虚语素不好认定是词缀的情况，如“着呢”中的“着”和“呢”，“罢了”中的“罢”和“了”，这些都是虚语素，而不是词缀。因此，我们认为，复合词是由词根和词根构成的更合理。当然构成复合词词根的数量可以是两个，也可以是两个以上，如“高富帅、白富美、士农工商”等，这些词的构成成分都不是词缀，而是词根。“空乘”中的“空”和“乘”、“凤尾竹”中的“凤尾”和“竹”、

“十字路口”中的“十字”和“路口”、“老虎”中的“虎”、“多元化”中的“多元”，这些都是词根。单字构成的词根为单词根，多字构成的词根为复词根。

第一节　造词材料与构词成分

一、造词材料

人们在创制新词的时候，往往根据本民族的语言习惯，运用语言中现有的语言材料来组成各种各样的新词。例如，随着计算机与互联网进入千家万户，为了满足交际的需要，人们运用语言中已有的语言材料创制了“博客、物联网、微博、云计算”等词语来反映这些新事物、新观念。因此，汉语中形形色色的字都可以成为造词材料，汉语中双音节的复合词非常多，大多是由两个单字词根构成。那么这些复合词会选择什么字来入词？对这些入词的字又有什么样的条件？我们认为，词语创制在选择材料时除了要考虑语音的、语义的、语法的以及风格等方面的限制条件外，一些非语言因素也会影响造词，比如说地域环境、民族心理等。

（一）造词材料的选择受句法规律的影响

人们在造词的时候，首先要考虑的是造词材料的选择，即体现在字的选择上。因此，复合词中选择的字要能够搭配在一起，这是最基本的条件。而字与字能否在一起搭配，要受到句法结构规律的影响。吕叔湘、朱德熙（1979）认为“双音词的构成跟短语相似”，汉语中的很多词本身就是由短语凝固而成的，因此在词语发展的过程中，短语的句法结构也被凝固在复合词的内部结构中，如“牺牲、学问、宣言、地方”等，这些词语都曾经是短语，如今凝固成词，但内部结构关系被保留下来。当然，更重要的是人们在造词的过程中会不自觉地受到句法结构规律的制约，从而形成词语的内部关系。表示联合关系的如“朋友、国家、手足、美丽、开关、买卖”等，表示偏正关系的如“鸡蛋、土豆、中药、牙刷、暖气、微笑、干洗、痛哭”等[①]，表示补充关系的如“完成、打到、抓紧、过来、放大”等，表示支配关系的如“请客、提议、考研、上线、下海”等，表示陈述关系的如“心疼、口吃、自主、地震、耳背”等，另外还有“接管、退休、进驻、贩卖、请教、逗笑、召见”等表示递续关系。

（二）造词材料的选择受语义搭配的影响

人们在造词的时候，造词材料的选择还体现在字与字能否在语义上合理搭配。因此，字与字能否在语义上相搭配也是能不能构成复合词的一个重要条件。具体而言，复合词内字和字在语义上能否搭配在一起，体现在三个方面。

一是两个字在一起搭配，在语义上应该合乎情理，不能是荒谬的。也就是说字与字组合后指称的事物现象能为人们所理解，不违反逻辑。例如，“狐臭”是合理的，指腋窝等部位皮肤内汗腺分泌异常而产生的刺鼻气味，因其不好闻，不是香的，所以也就无“狐香”一词。又如，有“下降”，而无“上降”，因为“上”的意思是往上，与“降”无法搭配。同样，有“减缓、减低、减少”，而“减”无法与“快、高、多”搭配。

二是字与字搭配在一起，表义应该准确，不能含糊不清。例如，“望”与“看”近义，语言中有“望风、望楼、望断”，但无“看风、看楼、看断”的表达，这是因为“望”是从远处看，而“看”则只是

① 如后面构词法部分所述，定中关系和状中关系都属于偏正关系。

一般地看，“看”与它们组合，表义不准确。

三是字与字的搭配，语义色彩也应该和谐，不能相违背。例如，有“奸徒”，而无“忠徒”，因为“徒”在这里表贬义，不能与“忠”搭配。又如，“狗”在现代汉语里往往表负面意义，因此与狗有关的词也多为贬义词，如有“走狗、疯狗、狗血、狗屁”，还有“落水狗、狗杂种、狗奴才、癞皮狗、狗腿子、狼心狗肺、人模狗样、阿猫阿狗、狗眼看人低、狗咬吕洞宾”等，在流行语里还可见“X成狗”之类的表达，如“累成狗、饿成狗、骂成狗”。而现代汉语中鲜见“狗”与“善、成功”等表正面意义的词语组合。复合词中的两字，如果其中一个的语义色彩是中性的，那么另一个字的语义色彩则很少受限制，往往褒贬都可以。例如，“人”没有特殊的语义色彩，是中性的，因此与其搭配的字可褒可贬，有“好人”也有“坏人”，有“今人”也有“古人”，还有“美人、超人、敌人、仇人、贵人、凡人、老人、新人”等。

（三）造词材料的选择受语音条件的制约

人们在造词的时候，造词材料的选择还体现在字与字会受到语音条件的影响。语音的因素会制约复合词在构成的时候使用某个字而不用另外的字。语音条件对复合词构成中字的选择和影响，表现在两个方面。

一是两个字搭配成词时，常会因声调的不同而在次序上做出选择。比如，两个字的声调如一为平声一为仄声，多为前平后仄，两个字的声调若同为平声或仄声，而有阴平和阳平、上声和去声之分时，则多为前阴、上，后阳、去；入声字常常出现在复合词后一个词根的位置（参看周荐 1986）。这一现象明显地表现在联合式复合词的构成上（参看陈爱文、于平，1979；蒋文钦、陈爱文，1982）。这些从《现汉》中的收词情况即可看出。

标：标榜 标本 标兵 标尺 标灯 标的 标点 标定 标杆
标高 标格 标号 标记 标价 标间 标金 标量 标卖
标明 标牌 标签 标枪 标石 标识 标示 标题 标贴
标图 标王 标线 标语 标志 标致 标注 标准

35个词中，只有“标兵、标灯、标杆、标高、标间、标金、标签、标枪、标贴”9个词后一个的声调与“标”一致，是阴平，另外26个词后一个声调都非阴平。

二是两字搭配成词，为了使交际更顺畅，要尽量避免所选择的字与已有的词所选用的字在语音形式上雷同，如有“体检、查体”，而无“检体、体查”，原因在于，“检体”与“简体”音同，“体查”与“体察”音同。避免所选择的字与已有的词所选用的字在语音形式上雷同还表现在造词材料要受词汇系统（具体地说是词汇系统中语义类聚）的制约。同属于一个语义场的词，必须选择不同的造词材料、不同的语音形式相互区别。举个简单的例子，“西瓜”尽管具有“味甜”的特征，而且“味甜”的程度不亚于通常叫作“甜瓜”的那种瓜，但“西瓜”决不能叫“甜瓜”；“哈密瓜”这种瓜尽管出产于西域，却决不能叫“西瓜”。

（四）造词材料的选择受风格的制约

造词材料的选择还体现在字与字的搭配会受到风格的影响。能够搭配在一起的两个字，风格上也常常是协调一致的。风格上不协调的两个字，很难在一起组词。比如，“食品、用品、饮品”很常见，但没有“吃品、玩品”，“吃”和“玩”与“品”的风格不协调。有“官员”，而无“民员”，因为“员”有庄重的风格。有“疾驶”，无“快驶、疾开”，因为“疾”和“驶”具有书面语的风格，而“快”和“开”却是口语风格。

（五）造词材料的选择受其他语言外部因素的影响

除了以上语言内部的因素之外，人们在造词的时候，选择造词材料的时候还会受到外部因素的制约，如地域环境、民族心理、人们的言语习惯等都会影响造词。一般情况下，在一个文化中较重要的具体要素较容易被抽象概括而成为造词的重要材料，如“钢丝、铜丝、铁丝、头发丝、鱿鱼丝”中的“丝”表示细而长的东西，它们来自“蚕丝”这一具体要素，这与“蚕丝”在汉民族中深厚的文化基础有很大关系。另外对于同一事物的造词命名，生活在不同地域的人们会从不同的角度来考虑。举一个比较典型的例子，中国的南北方饮食有很大的区别，在南方是以种稻为主，而北方则以种麦为主，因此形成了两个不同的文化区，即稻文化区和麦文化区。两个不同文化区的人们在创造表“粉末状”的物质的词语时，都是从各自文化的角度，选用了他们认为最合适的字构成相关词语。比如，稻文化区的人以“米粉”的“粉”为词根创制了“辣椒粉、胡椒粉、药粉、白粉（海洛因）”，而麦文化区的人则以“麦面”的“面”为词根创制了“辣椒面儿、胡椒面儿、药面儿、白面儿”（刘丹青，1993；萧国政，1999）。

二、构词成分

（一）词根

与机器是由一个个零件构成相似，词语也是一个个构件构成的。比如上面谈到的词根，就是构成词语的非常重要的构件。词根是充作合成词一个结构项的表示概念性意义的成分。词根分单纯性词根和合成性词根两类，二者性质特点并不一致。单纯性词根即是合成词中充作一个结构项的单字或其他单纯性的成分，如“金子”中的“金”、“工人”中的“工”和“人”、“蝴蝶结”中的“蝴蝶”和“结”、“孟加拉国”中的“孟加拉”和“国”。单纯性的词根，从使用的角度看，有的可以独立为词，如“人、蝴蝶”，有的不可独立为词，如“金、民、结、孟加拉、国”。合成性的词根即是合成词中充作一个结构项的字的组合体，如“自来水”中的“自来”、“电视机”中的“电视”、“人民警察”中的“人民”和“警察”。合成性的词根，从使用的角度看，有的可独立为词，如“电视、人民、警察”，有的不能独立为词而仅仅是个字的结构体——字串，如“自来”。

词根还可以分成黏着性词根和自由性词根。例如，“以内、以外、之间”为黏着性词根，它们必须与其他的词根相结合才可以出现，如“十天以内、二者之间”。而“创新、国际”为自由词根，它们可以与其他词根结合成“技术创新、产品创新”“国际关系、国际法”，或者与词缀结合成“国际化、国际性”，也可以独立存在，不和词根或词缀结合。

（二）词缀

与词根相对，词缀是主要表示整个词的语法类属等性质的成分。当词根与词缀在一起时，词根也可称为词干（或称词基），带有词缀的合成词即所谓的派生词，词干在整个合成性的派生词中主要起表达概念性意义的作用。派生词中与词干相对的，就是所谓的词缀，它的主要作用是表示词的语法类属。因为词缀是相对于词干而言的，所以无词干也就无词缀，词缀没有单独存在的可能。语言中存在着无词缀依附的词干（当然，此时它已不必再称为“词干”，而应该称“词根”），却不存在无词干可依附的词缀。没有词缀的词干就是单纯词中的单字词、多字词以及合成词中的复合词，而当词干一旦带上词缀即成为合成词中的派生词。在语言学中，词干是由词根充任的或是由词根与词缀加在一起构成的。一个词，除去词尾，剩下的部分就是词干。例如“singers”，其中 s 是词尾，sing 是词根，er 是词缀，这个词除去词尾，剩下的 singer 就是词干。汉语中不存在西方语言中那样的词尾，因而我们将汉语的词干定位为与词缀相对待的成分，它可以是单纯性的词根，也可是合成性的词根——词干。

“词缀”这一术语译自英文 affix，就 affix 自身来看，并未明确说明它只是词的缀，而不能用以构成其他词汇单位。缀不仅可以用于构词，同样可以用于构成大于词的单位，如“～迷”既可以构成“球迷、车迷”，也能构成“足球迷、电脑迷、网络电子游戏迷”。用来构成大于词的单位的缀，可以称为“语缀”。但是为了术语的简化，我们这里将词缀、语缀一概称作“词缀”。

有的词缀历史非常悠久，如“阙如、忽如”的“～如”，有的历史未必十分悠久，如“～巴”。词缀虽然古今语言中都存在，却不是与汉语相伴而生的，大概到上古末期与中古初期之交才迸发出活力，现代仍有活力的词缀多是这个时代产生出来的，如附在词干前的词缀“阿～、老～”等，附在词干后的词缀“～子、～头、～者”等。从历史纵向的角度可以将词缀分为三种情形：第一种是古代用该词缀构成的词语现代仍然在使用，但现代该词缀已不具能产性，除非是仿古之作，如“有苗、有清”的“有～”；第二种情形是古代、现代都用该词缀构词造语，如“桌子、刀子”的“～子”；第三种情形是近现代才用该词缀构词造语，如“月光族、上班族”的“～族”。人们惯常所说的能产的词缀，当然不是第一类和第二类，而是第三类。第一类无须多说，用第二类词缀造就的词语多是现代之前早已产生的词语，而第三类词缀的构词造语能力才刚刚显现出来，势头正劲。有些方言性、口语性较强的词缀如“～巴”，应该归入上述的第二类，它也可构成数量众多的词，如“干巴、锅巴、结巴、下巴、哑巴、盐巴、嘴巴、皱巴、眨巴、窄巴”，如果再把方言词中用“～巴”构成的词一并计入的话（如北京、天津等地的方言中的“撅巴、撩巴”），数量就更为可观。之所以会如此，恐怕与这些方言性、口语性较强的词缀以往未受到应有的重视有关。目前来看，方言性、口语性较强的词缀还是个尚待认真开掘的领域。

词缀大都是由非词缀的词根演化来的。从历时演变的角度看，整个词缀现象处于演化的过程之中，因此演化终了的词缀可称为典型词缀或真词缀，而正处在演化中的词缀可称为非典型词缀或准词缀、类词缀。一个成分被判定为典型词缀，须满足三个条件。第一，它必须是具有定位性的。也就是说，不可以既出现于词首的位置又出现于词末的位置。像“书”，既可与放在它的后面的一些字组成“书房、书本、书写、书籍、书记、书画、书包”等，又可与放在它前面的一些字组成“看书、草书、隶书、行书、楷书、说书、念书、读书”等词，因此“书”就不具有词缀的资格。第二，它必须具有充足的复呈性。也就是说，要有相当一批的词都以它为构词要素。例如，在现代汉语中的常见词中“诋”字只能与后附的“毁”字组成“诋毁”一词，“诋”也不大可能后置。但是“诋”虽具备这种定位性，却不具备充足的复呈性，因而不具有词缀的资格。第三，它的作用应该主要是标示整个词的语法类属，而不主要是表示概念性的意义。准词缀是人们在用词缀的尺度对一些构词成分严格衡量之后，落选下来的那些既非严格意义上的词缀又非普通词根的成分。它们或者不大具有严格的定位性，词首词末位置不定，或者有一定的复呈性却又比典型词缀的复呈性差，或者在对整个词的语法类属具有一定的标示作用的同时也还有着较强的概念性意义。例如：名词准词缀如“初～”，所构成的词如“初一、初九”；动词准词缀如“～有”，所构成的词如“保有、持有、带有、犯有、领有、享有、拥有”。①

① 不过，话虽这样说，真正用以上标准来严格区分典型词缀与准词缀也并不容易。原因在于，由词根向词缀的演化是一个渐进的过程，很难在某一个点将它们截然区分开来。拿第二条标准来说，何谓充足的复呈性？可与多少字组合才是充足，只与几个字组合便不可称为充足？这些都还是有待认真研究并解决的问题。

词缀作为一种构词成分，也可能受其他语言的影响。例如，近代以来中国为了吸收西方的科技成果，翻译作品中出现了许多西方用派生法构成的术语，我们的词汇中便陆续增加了一些仿照西方语言造出的构词词缀，如由“~化”和“~性”构成的词语“国际化、多元化、男性化、人工化、生活化、世界性、战略性、表面性、思想性”，还有一些是直接照搬文字体系与汉语近似的语言的构词词缀，如从日语借入的词缀“~手”构成的词语“歌手、骑手、棋手、写手、国手”。

以上所谈的词缀，或者处于词干的末尾，或者词干的前端。位置在词的末尾的词缀称后缀，如“~子、~儿、~头”；位置在词的前端的词缀称作前缀，如“老~、阿~、有~”。汉语中有没有中缀，是个棘手的问题。参照以上为词缀所定的三条原则，严格一点儿的话，中缀可以不谈；稍稍放宽一点儿的话，“乡巴佬、稀巴烂”的“巴”、“来不及、中不溜、乐不得”的“不”可以认为具有中缀的资格[①]。中缀如果存在于汉语中的话，它最低的标准应有如下三条：不依附于前后任何一个字、具有一定的复呈性、主要标示语法意义。

（三）词嵌

谈到词缀，我们也简单谈谈“词嵌”这个概念。词嵌是有别于词缀的。它没有什么具体的语法意义，更无词汇意义，它的作用只在于为某种格式延展词长，凑足音节，如“糊涂”被说成“糊里巴涂”，“匪气”被说成“匪里匪气”，其中的“里巴”和“里”都可看作词嵌。

---

① 吕叔湘（1979）认为“荒乎其堂”的“乎其”是中缀，我们认为是完全正确的。

第二节 造词法与构词法

一、造词法

每个词都有其各自的历史，每个词的创制都会选择适合自己的材料，并且有一定的方法。而这些方法也因时、地、人等因素的不同而有所不同，对其进行分析和归类，可以让人们在创制新词时就能有所遵循。当然，汉语创制新词的方法与其他语言的创制方法有所不同，现代汉语创制新词时也会与汉语其他历史时期的方法有异，同样，现代汉语普通话创制新词的方法与汉语各现代方言的方法也并非一致。以现代汉语普通话为例，可以看出新词创制方法主要表现在音、义、形三个方面。

（一）语音滋生法

词汇具有系统性，一个词往往是处在语言系统之中的。因此，一个词的产生，大多会受到该系统中其他一些词的影响。从语音角度来看，这种影响大致可以归纳为五个类别。

1. 音近衍生法

新词的产生与此前已有的某个词或者某些词有着相似的样子，其中语音上的近似尤为普遍。例如，“三更半夜”说成“深更半夜”，但“半夜三更”不可说成“半夜深更”，或可说明“深更半夜”是受“三更半夜”影响而产生的，这里“三”和“深”音近。又如，“伺候”音 cì·hou，义为“在人身边供使唤，照料饮食起居”，“侍候”音 shì hòu，义为“服侍”，两者也是音近衍生。

谈到音近衍生，就自然会涉及哪个词先生哪个词后出的问题。有些词语谁从谁出是了然的。例如，“尺有所短，寸有所长”出自战国时代屈原的《卜居》：“夫尺有所短，寸有所长，物有所不足，智有所不明，数有所不逮，神有所不通。用君之心，行君之意，龟策诚不能知事。”后世较早的引用例如：“鄙谚云‘尺有所短，寸有所长’。白起料敌合变，出奇无穷，声震天下，然不能救患于应侯。”（《史记·白起王翦列传赞》）而“尺短寸长”较早的用例为宋·苏轼《定州到任谢执政启》：“燕南赵北，昔称谋帅之难；尺短寸长，今以乏人而授。”“寸长”较早的用例为苏轼《湖州谢上表》：“凡人必有一得，而臣独无寸长。”后两词语明显出自第一个。有些词语谁从谁出，就不那么清楚了。例如，“打劫”和“打家劫舍”《现汉》都有收录，然而两词谁从谁出？又如，唐代设有“左拾遗”和“右拾遗”这样的职官，而论及成语“拾遗补阙”，究竟是先有职官名还是先有成语，恐怕就需要我们仔细考辨了。另外，“信号、讯号”这一组词，我们可以说“信号弹、信号灯、信号枪”，却不能说“讯号弹、讯号灯、讯号枪”，这些线索也许能得知哪个词受哪个词影响衍生。

2．音变滋生法

这里的音变多指语音的历史变化，这种历史音变常会导致后世的人们依据变化后的语音形式重造新词。例如，“角落”的中古音与今不同，尤其是“角”的声母不是现代的舌尖音而是舌根音；“旮旯”是根据“角落”的中古音造出的，新造字使新词固定下来。又如，北方农村常见村名为“赵各庄、李各庄”，其实应该写作“赵家庄、李家庄”。这是由于“家”在中古之前声母是舌根音而不是现代的舌面音。因为这样的语音变化导致“赵各庄、李各庄”的滋生。

3．歧音造词法

歧音指的是一字多音的现象。造词者不明就里或将错就错，都可能借另一音造出另一词。例如，“角色”本读 jué sè，但由于“角”字两读，还有一个 jiǎo 的读音，而这个读音又恰恰是百姓常见的读音，于是乎因百姓常把“角色”俗读为 jiǎo sè，更造出一个书写形式上的词“脚色”。

4．分合造词法

分合造词法的“分”，指分单音字为复音词或指分单字词为复字词，前者如“孔”分化为“窟窿”，后者如“兵”拆分为“丘八”。分合造词法的“合”则指的是将复字词合为单字词，如“甭”由“不用”合成，“两个”合为“俩”，“三个”合为“仨”，“嫑”由“不要”合成。

5．谐音造词法

所谓谐音，有的是直接谐某个已有的词的音。例如，“压力山大”是通过谐音“亚历山大”的方法造成的，而网络流行语“鸭梨山大”又是通过谐音“压力山大”造成的，二者都是形容压力像山一样大，是一种诙谐表达。又如，中国女排的两位重要领军人物，一位名陈忠和，一位名郎平。当人们将他们放到一起称呼时，便称他们为“和平”。再如，演员赵本山和宋丹丹是中国小品节目的一对绝配，从白云、黑土在春晚上一亮相，就广受瞩目，备受欢迎，人们将他们的组合称作“山丹组合”。“山丹”无疑也让人们联想到开花红艳艳的“山丹丹”。

（二）仿拟类推法

仿拟类推造词法是根据已有词所具有的一些因素仿效、比照造出新词的方法。一般来说，现代汉语中的仿拟造词法都会利用相同、相近的字来造新词，如由“大哥大”造出“大姐大”，由“导演”造出“导播”，由“开张”造出“关张”，由“唾手可得”造出“垂手可得”。

仿拟类推造词法中，有的利用相近或有关联的语意仿拟类推造出。例如：有“西施”，又造出一个“东施（效颦）”；由“下载”（download）类推出“上传”；由“狗不理（包子）”仿拟造出“猫不闻

（饺子）、鸭不睬（锅贴）、猴不吃（麻花）”；有“智商”，又造出一个“情商”，甚至“逆商[①]、财商[②]”；由“水门事件”的“水门”，造出“艳照门、炸药门、赫尔伯顿门、劈腿门、棱镜门、失窃门、毛巾门、诈捐门”等数不胜数的“XX门”。有时候，对于生活中已有的事物，语言中并无对应的词语，而受到新事物及相应新词的影响，已有事物才有对应的词语，这是一种反向仿拟类推造词。在网络进入人们生活之前，报纸、杂志、电视是人们生活中常见的媒体载体，而随着网络普及，人们创造了“网媒”一词，而“纸媒”和“视媒”是受“网媒”的影响而产生的，即语言中先出现“网媒”，再反向类推创造出“纸媒”和“视媒”。仿拟造词法也有的是利用相同相近的音仿拟类推造出，如根据“幸福”造出的“性福”。

类推不仅会发生在汉语已有的词语上，在外来词上亦时有发生。例如有“黑客”（英：hacker），又类推造出个“红客”。仿拟造词还有可能与外语成分有关，根据日本的“宅急便”，中国不少城市出现了印有“宅急送”字样的特快专递公司的汽车。仿拟造词有时候会产生戏谑的效果，如“白骨精”本是《西游记》中的一个人物形象，是狡诈的、欺骗性很强的妖精，如今的一些成功女士也被人戏称为“白骨精”。然而这个“白骨精”却是由“白领”、“骨干”和“精英”三个词中各抽出一个代表字构成的。

（三）内在衍生法

除了外界的因素，一个词的产生还需关注内在的方式方法。这些方式方法非常复杂，这里只择要谈几类。

---

① Adversity Quotient，英文缩写为AQ，即“逆境商数”，指人们面对挫折、困难时，摆脱困境的能力。

② Financial Quotient，英文缩写为FQ，即“财富商数”，指个人或集体认识、创造和管理财富的能力。

1. 拟音法

用拟音法创制的新词，最常见到的是拟声词。用拟声法造拟声词，古代就有很多，如《诗经》里就有“喈喈”(《周南·葛覃》:“集于灌木，其鸣喈喈。”)、“薨薨”(《周南·螽斯》:“螽斯羽，薨薨兮。”)、“活活”(《卫风·硕人》:“河水洋洋，北流活活。”)、“汤汤”(《小雅·鼓钟》:“鼓钟将将，淮水汤汤。”)。现代汉语沿用下来的带有古雅色彩的拟声词也很常见，如“汤汤、飕飗”，现代汉语口语里的拟声词就更为普遍，如“噔啷、哇哇、稀里哗啦、叽叽喳喳、叽里咕噜”。现代汉语中有些用拟声方法造出的词是口语中存在而没有文字加以表现的，如北方人描摹打枪的声音［tiaŋ］，描摹打炮的声音［tuaŋ］。不唯如此，用拟声的方法还可以造出一些普通名词（如“知了”）、普通动词（如“吱声”）等。将古今拟声词略加比较即可看出，古代汉语拟声词常用叠音的方式创制，而现代汉语的拟声词则不受此限，花样繁多。

2. 喻借法

语言中的不少词语，都是直接反映所指的客观事物的，如“厂房”是工厂的房屋，“凑近”是朝某个目标靠近，“低廉”是（价钱）便宜，“护卫艇”是以火炮为主要装备的小型舰艇，“婚外恋”是与配偶以外的人发生恋情，“风和日丽”是形容天气晴朗暖和，“黑不溜秋”是形容黑得难看。语言中还有一些词语，不是直接反映所指的客观事物，而是用比喻的方式曲折地反映所指的客观事物。例如:“吃香”不是吃香甜的东西或其他，而是说受欢迎，像香甜的食物之于食用者那样;“鳞爪”不是鱼的鳞和兽的爪，而是比喻事情的片段;“门脸”不是门的脸孔、脸面，而是城门附近的地方或商店的门面，如同人的脸孔一样显露在外而且重要;“穿小鞋”不是穿尺码小于脚的尺寸的鞋子，而是给别人刁难，使受约束、限制，好像给尺寸大的脚穿上尺码小的鞋子那样使人难受;“驴肝肺”不是驴的肝和肺，而是比喻人极坏的心肠;“缘木求鱼”出自《孟子·梁惠王上》“以若所为求若所欲，犹缘木而求鱼也”，意思不是真的爬到树上去找鱼，而是说办事情方法不对头，劳而无功；“藕断丝连”不是实指藕断了丝还连着，而是比喻人在感情方面好似断了关系，实际上仍然牵挂着。这种不是以直接的方式而是以比喻的方式曲折地反映所指客观对象的词语，称为比喻词语。

除了比喻词语，还有以借代的方式构成借代词语。例如，“丝竹”一词在《现汉》中的解释是“琴、瑟、箫、笛等乐器的总称（‘丝’指弦乐器，‘竹’指管乐器），也借指音乐”。因为琴、瑟等弦乐器的弦是用丝制作的，箫、笛等管乐器的管是用竹子制作的，遂用原料“丝”“竹”代本体弦乐器、管乐器，是为借代词。又如，“红袖添香”这个成语是“美人伴读”的意思。“红袖”是物，无法“添香”。这里是用“红袖”代美人，该成语就是以特征代本体的方式构成的借代成语。其他的还有“巾帼、须眉、唇齿、眉目、（捉）舌头、阮咸、泰斗、樽俎、京片子①、淫棍②、打呼噜③”。

此外还有用拟人法造出来的词——拟人词语。例如，“吐穗”是指小麦等农作物抽穗，“吐”字将非动物动物化了，而“孕穗”是指水稻、小麦、玉米等农作物的穗在叶鞘内形成而尚未抽出来。

3．简缩法

简缩法包括合词造词和截字造词。

合词造词是从已有的不同的词中各选取一个字重新组合成一个词。例如，“配军”由“发配、充军”合词而成，“封建”由“封土、建国”合词而成。合词造词法在古代是一种较为常用的造词方法，在现代更是一种非常能产的造词法。例如：

化疗（化学疗法）　　　化武（化学武器）

---

① “片子”代能言善辩的舌头。

② “淫棍、赌棍、恶棍、党棍、讼棍”一般专指男性不指女性，“棍”是以男性生殖器为借体。

③ “呼噜”即代指鼾声。

社保（社会保险） 婚检（婚前体检）
产能（生产能力） 环保（环境保护）
突审（突击审讯） 团购（集团购买）
维和（维护和平） 维权（维护权益）
武警（武装警察） 刑拘（刑事拘留）
中办（中共中央办公厅） 政协（中国人民政治协商会议）
中联办（中央人民政府驻香港/澳门特别行政区联络办公室）

简缩后是否成词可以“语言”和“文学”两个词语合并后的情况为例：“语言”和“文学”组合成“语言文学”不是词汇单位，简缩后的“语文”成词；而二者组合成“文学语言”是词汇单位，简缩成“文语”则不成词。

截字造词是将短语中并不相邻的字截取出来搭配组合成词，如“衰竭”取自《左传》“再而衰，三而竭”。截字造词法，在古代曾是一种较为普遍的造词方法，此法常被用来造出文化色调浓郁的“文化词”。例如：“期颐”（《礼记·曲礼上》：“百年曰期，颐。”）、“涂鸦”（唐·卢仝《示添丁》：“忽来案上翻墨汁，涂抹诗书如老鸦。”）、“衣裳”（《诗经·邶风·绿衣》：“绿兮衣兮，绿衣黄裳。”）、“比翼连枝”（唐·白居易《长恨歌》：“在天愿作比翼鸟，在地愿为连理枝。”）截字而成的词，常见的是截取自并不相邻的语段的，如上面的举例，也有的是截取自相邻的二字而成的，例如：“作俑”（《孟子·梁惠王上》：“仲尼曰：‘始作俑者，其无后乎！’为其象人而用之也。”）、“万紫千红”（南宋·朱熹《春日》：“等闲识得东风面，万紫千红总是春。”）。

4. 反序法

反序法指的不是一个词在历史上曾经偶然出现过的另一种字序，而是指不同字序的词出现的时间虽然先后不一，但如今却都同时存在，只不过有的异序同义，有的异序异义而已。在历史上曾经偶然出现过另一种字序却未流传下来，虽是反序，却未起到造词的作用，更不能称作“法”。例如，“儿童”在上古、中古时都曾经有过顺序写作“童儿”的历史,《列子·仲尼》载“尧喜，问曰:‘谁教尔为此言？’童儿曰:‘我闻之大夫。’”又如，“排挤”一词至少在宋代还未定序，亦可写作“挤排”,《宋史·朱熹传》载“所喜则阴为引援，擢置清显；所恶则密行訾毁，公肆挤排。”但是“童儿”和“挤排”在现代都不作为词存在。反序造词无论古今都是一种重要的造词方法。反序在古代似更为多见，很大程度上是由于古代汉语中的反序，不是词的问题，而是短语、句子的问题。曹先擢（1979）曾指出:“我们说古汉语里这种字序可倒换的复音词（词组）较现代汉语为多，主要的原因，是因为在古代它们基本上属造句法的范畴，在现代汉语里则基本上属于构词法的范畴。”

字序颠倒的词叫作逆序词。一些逆序词意义完全一致，有些意义存在差异，其中有的意义相差较大。逆序词从来源上看，有的能看出它们之间的关联，有的却看不出彼此间有何关联。逆序词最初可能会存在意义、用法完全等同的情况，但是随着人们的使用，可能会逐渐发展为意义、用法不完全等同的词，甚至完全不等同的词。这也就是说，逆序词之间意义、用法的关系也是存在着一个发展变化的过程的。逆序词可以有两种分类。第一类逆序词的正序、反序都成词，正序词、反序词为同义关系，它们的意义和用法几乎完全等同，如“感情—情感、力气—气力、粮食—食粮、来往—往来、男儿—儿男、直爽—爽直”。第二类逆序词的正序、反序均成词，但两词非同义关系，用法亦有异。这一类逆序词又可分两小类，一类的意义和用法不完全等同，如“语言—言语、交工—工交[①]、灵机—机灵、炮火—火炮、线路—路

① 交工，指承建单位把完工的工程移交使用单位；工交，指工业与交通运输业的合称。

线、安慰—慰安、喜欢—欢喜”；另一类意义和用法完全不等同，如“除开—开除、片面—面片、奶牛—牛奶、大拿—拿大、法办—办法、瞎抓—抓瞎、话说—说话”。正序成词，反序成短语的例子如“女儿—儿女、女子—子女、马车—车马、兄弟—弟兄、手松—松手”（横线左侧为词，右侧为短语）。

5. 数字概括法

数字概括法是用数字与其他的字组合成词语的方法。这样的方法也是古已有之，如“四书、六艺、岁寒三友、九五之尊”。由自由短语甚至若干零散的词语组合成一个新的词语，常能见到的是“数字 + 代表字”构成的新的词语。例如：“三国”是先从“魏国、吴国、蜀国”这几个词语中选取一个有代表性的字，再用数字概括构成的一个新的词语；“四个现代化”是从“工业现代化、农业现代化、国防现代化、科学技术现代化”这几个词语中选取一个有代表性的成分，再用数字概括构成的一个新的词语，而“四个现代化”在人们使用的过程中还进一步简缩为“四化”。

数字概括法在专属词语中的运用尤其普遍。例如：“五台山”的“五台”就是“东台”（望海峰）、“南台”（锦绣峰）、“中台”（翠岩峰）、“西台”（挂月峰）、“北台”（叶斗峰）的合称；陕西秦岭有所谓的“七十二峪”，包括“汤峪、洋峪、竹峪、石砭峪、库峪、子午峪、太平峪、沣峪、高冠峪”等。

通过数字概括法形成的词语也可能存在着同形现象。例如，钱学森、钱伟长、钱三强被称为“三钱”，而 1999 年表彰的“两弹一星”23 位元勋中“三钱”，却为钱三强、钱学森、钱骥。钱三强负责设计原子弹、氢弹；钱学森负责设计火箭、导弹；钱骥负责中国第一颗卫星的设计。我们常说的“三好”，在“三好学生”中指“品德好、学习好、身体好”，有时也指“工作好、学习好、身体好”。

这一类的词还可以由汉字和西文字母一起构成。例如："3C 产品"是对计算机（Computer）、通讯（Communication）和消费电子产品（Consumer Electronics）三类电子产品的简称；"3S 技术"是遥感技术（Remote sensing，缩略为 RS），地理信息系统（Geography Information systems，缩略为 GIS），全球定位系统（Global positioning systems，缩略为 GPS）的统称；"4S 店"是一种集整车销售（Sale）、零配件（Spare part）、售后服务（Service）、信息反馈（Survey）四位于一体的汽车销售企业。

二、构词法

就像机器是由一个个的零件构成，词语也是由一个个构件构成的。构词法是词内构件组配成词的方法。

（一）单纯词

简单地说，单纯词的"单纯"是相对于合成词的"复杂"而言的，即就词的内部是否可以再分出结构而言。一个词的内部从意义的角度如果能再分出两个或多个构件，则是合成词；反之，就是单纯词。因此，单字词当然是单纯词，只要在现代汉语中可独立自由地运用于语句之中的单字，都可以被称为单纯词。除了单字，有的单纯词由多字构成，但其中任何一个字都没有独立的意义，它们只是字的组合，包括汉语中的联绵词和外来词。

1．联绵词

联绵词是两个字连缀成义而不能拆开来讲的词，构成联绵词的字单独来看没有意义，只代表语音。

从语音的特点来看，联绵词可分为双声、叠韵、非双声叠韵三类。

双声的联绵词两个字的声母都相同或相近，如“枇杷、参差、忐忑、玲珑、蜘蛛、吩咐”；叠韵的联绵词两个字的“韵”相同或相近，如“彷徨、骆驼、馄饨、蜻蜓、窈窕、烂漫、蹁跹、叮咛”；非双声叠韵的联绵词两个字的声韵都不相同，如“芙蓉、蝴蝶、垃圾、蝙蝠、伉俪、蛤蚧”。从字形上看，则有字形相同的、字形不同的两类。字形相同的联绵词称为叠字，也称重言。如“皑皑、嗷嗷、楚楚、喋喋、汩汩、冉冉”；字形不同的联绵词非常多，不再枚举。

联绵词中相当大一部分所表示的是昆虫、动物、植物和自然景观，也有一部分来自方言或其他语言，但绝大部分还是属于共同语的。

联绵词虽然都是两个字连缀成义，不能拆开，但为了交际的需要，有一些可以将其中的一个字作为代表字来用。例如：“蝴蝶”的“蝶”作为代表字可以构成“彩蝶、粉蝶、蝶泳、蝶装、燕尾蝶”等；“螃蟹”中的“蟹”作为代表字可以构成“蟹黄、蟹肉、河蟹、海蟹、蟹钳、蟹爪”等；“骆驼”的“驼”作为代表字可以构成“驼毛、驼绒、驼铃、双峰驼、单峰驼”等；而“蘑菇”以“蘑”为代表字可以构成“口蘑、松蘑”等，以“菇”为代表字可以构成“香菇、冬菇、金针菇、杏鲍菇、猴头菇、茶树菇”等。

从词形的特点来看，在历史上，有的联绵词写法比较自由，记录同一个词有时候会用不同的字，因此不少联绵词可以有好几种写法，这是因为联绵词产生的时间较早，文字在传抄的过程中，人们有时会用读音相同的字来记录同一个词。例如：“犹豫”常写成“犹与、由与、犹夷、尤与、容与”；“逶迤”有时候写成“委蛇、逶移、逶蛇”；“匍匐”可写成“匍伏、伏服、俯伏”；“含糊”又可写作“含胡、函胡”等。有的联绵词还曾有正反序两种形式，如“蹊跷、跷蹊”“踉跄、跄踉”“嗫嚅、嚅嗫”“抑郁、郁抑”“躞蹀、蹀躞”。但绝大多数联绵词发展到今天已经定型，不再有不同的写法，也不再有两序。

2．外来词

外来词，是一个民族用本民族语言的材料将其他语言的词语译写出来的词。外来词被一些学者称为“借词”，这反映了这种词语并非本族所有而是借自其他语言的情况。需要注意的是，外来词并非都是单纯性的，只能说单纯性的外来词占多数。比如，外来词有全音译外来词、半音译外来词之分。全音译外来词的整个词所用的材料全都是对外语词音节的译写，如“咖啡、沙发、幽默、的士、博客、奥林匹克、麦当劳”等；而半音译外来词只有一部分是对外语词的译写，另一部分所用材料还是本族语言的，如“卡丁车、马克思主义、芭蕾舞、啤酒”等。这第二类不好再视为单纯性的，而宜视为合成性的了，单纯性的外来词只能是全音译外来词。不过，单纯性的外来词在译写的时候，也有可能全部都不是用汉字，或者一部分是用汉字译写外语词的音节，一部分是用西语字母的，前者如“NBA、TCM、DVD”，后者如“卡拉 OK”。这些就是所谓的字母词、半字母词①。

（二）合成词

与单纯词相对的是合成词。合成词由两个或两个以上的直接组成成分构成，至少有一个直接成分为有义字。两个直接成分构成的合成词如“桌”和“子”构成“桌子”，“花”和“瓶”构成“花瓶”，“洗衣”和“机”构成“洗衣机”，“钓鱼”和“执法”构成“钓鱼执法”，“无后坐力”和“炮”构成“无后坐力炮”；由三个甚至超过三个直接组成成分构成的合成词如“矮”、“穷”和“矬”构成“矮穷矬”，“微”、“乎其”和“微”构成“微乎其微”，“起”、“承”、“转”和“合”构成“起承转合”。词长是有限的，构成一个词的汉字数量也总

---

① 需要注意的是，含有字母的词未必就是外来的，如“汉语水平考试”的拼音缩写为“HSK”，“国标”的拼音缩写为“GB”，这些本身就是汉语词。

是有限的。双字合成词是合成词中的典型格式。

除了汉字和汉字构成的合成词外，汉语中还有由字母与有义字构成的合成词，如“X光、ATM机”，甚至还有由字母与无义字或弃义字构成的合成词，如“IC卡、维C”。在外来词中，有一些不是本民族语言中固有的译字，因为与其组合的成分是本民族固有的有意义的成分，这样，这个不是本民族语言的成分也被认定为是有意义的字（语素）。比如，英语中的beer翻译到汉语里是“啤酒”，而“啤”是beer的译字，本身不是汉语里固有的成分，但因为与“酒”组合，因此，“啤”也被一些学者视为“剩余语素”。

根据词根、词缀结合的不同情况，合成词可分为复合式、派生式两种。复合式合成词是由词根加词根组成的，派生式合成词则是由词根加词缀构成。

1. 复合式合成词

具体而言，复合式合成词的结构方式包括定中格、状中格、支配格、递续格、补充格、陈述格、重叠格、联合格等，下面我们以双字复合词为例来分析现代汉语复合式合成词的结构方式。

定中格的一个词根承载全词的中心意义，表示事物现象等，另一个词根起修饰、限定的作用。这类词绝大部分是修饰、限定作用的成分在前，被修饰、限定的成分在后，如“黑板、白酒、人流、外科、毛衣、电风扇”等。

和定中格相似，状中格也是一个词根承载全词的中心意义，但表示动作行为或性质状态，另一个起修饰、限定作用。这类词大多是表示中心意义的成分在后，表示修饰、限定的成分在前。位置在后的表示中心意义的成分多由动词性的成分充当，如“痛恨、倾销”等，少数可由形容词性的成分充当，如“雪亮、笔直”等。状中格中位置在前的多是名词性成分，少数是形容词性的成分（如“热爱、迟到”）、动词性的成分（如“游击、筛选”），甚至是副词性的成分（如“未竟、不符”）。

支配格也叫动宾格，前面的成分表示支配，多为动词性，后面的成分表示支配的对象，是名词性的，如“下课、知己、失踪”等。也有一些词，后面的成分不是名词性的，如“失眠、有限”。后面的成分是名词性的时候，它们大多是前面动词性成分支配的对象，但也有一些词后面的成分并非动词性成分直接支配的对象，而是通过描写形态或状态来充当前者的对象，如“勾乙”（在报刊书籍的某些词句两端，画上形态像“乙”的记号，表示要抄录下来，作为资料）和“叫好”（对精彩的表演等大声喊“好”，以表示赞赏）。一般来说，后面的成分是动作主体支配的对象，是受事，但也有一些相反的情形，即后面的成分是动作的主体，是施事，如“伤心、开嗓”。绝大多数的支配格前面的成分是动词性的，也有少数表示性质状态，甚至是事物对象的，如“多心、雪耻”。

递续格的前后两个成分都表示动作。一种情况是 V_1、V_2[①] 两个动作先后发生，具有承接关系，如“接管、贩卖、退休”等；另一种情况是 V1、V2 两个动作的发出者和支配对象都不同，但 V1 的发出者是 V2 的支配对象，或 V2 的发出者是 V1 的支配对象，如“召见、劝退、逗笑”等。

补充格的前一个成分表示动作，后一个成分是对前一个成分的补充说明。有的是以结果补充说明，如“揭穿、看见、打倒”；有的是以趋向补充说明，如“买入、返回、取出”；有的是以状态补充说明，如“扩大、说明、冲淡”。

陈述格的两个成分中，前一个成分表示陈述、说明的对象，后一

① V_1 指前一个表示动作的动词，V_2 指后一个表示动作的动词。

个成分是陈述、说明的部分，二者是陈述与被陈述的关系。其中，前一个成分多是名词性的，如“地震、眼花、心虚”。

重叠格的两个成分的形、义都相同。有的都是名词性的成分，如“爸爸、娃娃、星星”；有的都是动词性的成分，如“谢谢、偷偷”；有的都是形容词性的成分，如“微微、满满、暗暗”；有的都是副词性的成分，如“仅仅、常常、刚刚”。

联合格的两个成分关系密切，意义上的关系相同、相近，或者相反、相对。两个成分可以是名词性的，如“朋友、道路、手足”；有的是动词性的，如“开关、动静、呼吸”；也有形容词性的，如“孤独、安危、好歹”。

2. 派生式合成词

派生，是由词干和词缀一起构成合成词的过程，因此由词干加词缀构成的合成词就是派生式合成词。根据词缀的位置，可以分为前缀后干型、前干后缀型、旁干中缀型。

前缀后干型，指词缀在前、词干在后的派生词。这类派生词在现代汉语中并不太多，如“阿、老”作为词缀与词干构成的派生词有“阿姨、阿飞”“老鹰、老鼠、老虎、老乡、老外”。但并非所有以“阿、老”作为词首的构词成分都能被称作前缀，如“老王、老高、老千”中的“老”，一些南方方言中“阿”常与人名连用在一起，如“阿兰、阿芳、阿毛”，这些词语中的“老、阿”是否称得上典型的前缀，还有待进一步研究，顶多只能算是准前缀或者类前缀。另外还需要和用作词根的情况区别开来，如“老人、老大娘”中的“老”是“年龄大”的意思，而“老式”中的“老”是“旧”的意思，这些词语中的“老”都是词根，而不是词缀。现代汉语中还有一些成分如“初、第”也经常处于词首，如“初一、初五、初十”“第一、第二、第几”。但它们的作用都是表示序数，词汇意义非常明显，语法作用反而处于次要地位，因此“初、第”也不好看作是典型的前缀，将它们视作准词缀或类词缀更合适一些。

前干后缀型，指词缀在后、词干在前的派生词。与前缀后干型相比，这一类型的派生词更多，主要有两方面的原因：一是现代汉语中能作后缀的成分数量上比较多，二是不少的后缀都有较强的构词能力。比如“子”作为后缀可以置于名词性、动词性、形容词性等成分末尾构成派生词，数量非常庞大。例如：

桌子　鞋子　管子　罐子　棍子　屋子　勺子　筷子　瓶子
盆子　盒子　杯子　猴子　刷子　剪子　夹子　架子　推子
拍子　胖子　傻子　瘦子　尖子　乐子　茧子　本子　条子
个子　日子　册子

需要注意的是，并非所有的名词性、动词性或形容词性的成分都能加上“子”，比如汉语中没有“手子、书子、跑子、圆子”这样的派生词。而且汉语中有“筷子、杯子”，没有“碗子”，有“桌子、凳子、椅子、柜子”等，没有“床子”，这些都值得深究。

谈到“子”，还需注意并非所有位于词尾的“子”都是词缀。比如“父子、孝子、鱼子”，这些“子”都有实在的词汇意义，不是词缀，而是词根，其中“父子、孝子”的“子”是“儿子”的意思，“鱼子”的“子”是“卵”的意思。还要注意，有些看似词干加“子”的词语，可能并非汉语本有的，而是外来的，如“提子”。

汉语里名词后缀除了“子”外，“头”也能充当名词后缀，比如“头”可位于名词性、动词性、形容词性成分的末尾，构成名词性的派生词，如“想头、看头、甜头、口头、后头、劲头、赚头、盼头、奔头”。“头”作为后缀构成的派生词，常用于疑问或否定，如“什么想头都没有”“这有什么赚头？”，而“砖头、石头、木头、锄头”中的

“头”是否为词缀，也值得推敲，因为它们和“看头、准头”等派生词相比，意义要实在很多。同样还应该注意同词根“头”的区别，比如“光头、白头”中的“头”是“脑袋”的意思，“床头、船头”中的“头”是“物体的前端”的意思。另外，像“唛头”一词并非汉语本有，而是外来词。

“儿”也是一个常被大家提起的后缀，它常出现在名词性、动词性、形容词性成分以及量词、代词等成分末尾，构成名词性的派生词，如“花儿、话儿、歌儿、刀儿、杏儿、明儿、人儿、空儿、盖儿、塞儿、短儿、尖儿、本儿、个儿、片儿、这儿、哪儿”。①

名词后缀除了以上谈到的“子、头、儿”以外，还有上文中提到一些直接照搬文字体系与汉语近似的语言的构词词缀，如从日语借入的词缀“手”构成的派生词就有“歌手、骑手、扳手、扶手、副手、抓手、高手、国手、能手、帮手、写手”等。

作为名词后缀，和词干相加后得到的词都表示名物。以上面谈到的“子”为例，“子”前面的成分有名词性的、动词性的和形容词性的词，甚至还有量词，词类非常丰富，这些成分加上后缀“子”后都变成了名词，如由动词性成分加“子”构成的“刷子、盖子”，由形容词性成分加“子”构成的“胖子、尖子”，由量词加“子”成的“个子、条子”等。

除了名词后缀，汉语里还有动词后缀、形容词后缀、副词后缀。

现代汉语中的动词后缀都是后附的，没有前附的，如“于”和

① 需要注意一点，“儿”是否是后缀也还值得研究，因为“儿”在普通话里一般不自成音节，多只是附在字后的一个卷舌动作。另外，有些词中“儿”位于词的末尾，很明显是词根，如“男儿、女儿、健儿、婴儿”中的“儿”都不是词缀，它们都有实在的词汇意义，“男儿、健儿”中的“儿”是“年轻人”的意思，“女儿”中的“儿”是“孩子”的意思，“婴儿”中的“儿”是“小孩子”的意思。

“以”作动词后缀构成的词有“敢于、基于、勇于、鉴于、在于、对于、属于、疏于、有利于、不下于”“难以、足以、加以”等。

现代汉语中的副词后缀、形容词后缀也都是后附的，没有前附的。形容词、副词后缀“然”和“乎”构成的词如“竟然、突然、忽然、默然、淡然、偶然、全然、悄然、依然、毅然、茫茫然”“热乎、忙乎、合乎、几乎、神乎”等。

另外，汉语里还存在一些叠音后缀，如由“乎乎、溜溜、腾腾、滋滋、沉沉、巴巴”之类的叠音后缀构成的词有“圆乎乎、黑乎乎、胖乎乎”“酸溜溜、光溜溜”“热腾腾、慢腾腾”“美滋滋、喜滋滋、乐滋滋”“阴沉沉”“干巴巴、眼巴巴”。以上这些叠音后缀形式生动、形象，富于韵律美，它们本身并没有实在意义，主要是加强词干的意义和感情色彩，有一定的表情、表意的作用，带有明显的口语色彩。

旁干中缀型，指的是词缀位于词的中间位置，前后两端为词干的派生词。位于词的中间位置的词缀叫中缀。这类派生词不多，如“花里胡哨、稀里糊涂、土里土气、中不溜、眼巴前、荒乎其唐、微乎其微、难乎其难、忘乎其形”。与前缀和后缀相比，中缀的能产性“里、不、巴、乎其”要弱很多。

第三节 词法结构与句法结构的异同

一、词法结构与句法结构的一致性

汉语复合词的构成深受句法结构模式的影响，因此，我们常说汉语的复合词结构和句法结构基本一致，主要是指汉语复合词的内部结构大都可以参照句法结构关系去分析和解释，复合词构词成分之间存在着类似于句法的结构关系，二者具有某种相通性。比如，句法结构有主谓、述宾、述补、偏正、联合等，绝大部分复合词也是按照这些结构关系来结合的。据周荐（2016：31）对1978年《现汉》（第1版）的研究，汉语中有32346个由单词根与单词根组成的双字格复合词，其中可以从句法结构来解释的有31237个，约占96.57%。这些词语中有些本来就是由短语凝固成的，因此短语的句法结构也就被凝固在复合词的词根和词根之间，如“草创、泛滥、润色、天下”（王力，1958）。而当复合词的结构方式稳定下来以后，人们在造词时会受到它们的影响，会不自觉地仿照这种词法结构来创造新的复合词，不自觉地用这些已有的词法结构来造词，这样词根与词根的关系也就可以从句法结构做出解释。当今出现的很多跟科技发展和新生事物有关的词都是根据已有的构词法造出来的，并没有经历短语凝固成词的过程，如“手机、电梯、电脑、充电”。

从词义理解的角度来看，汉语复合词的词法结构很大程度上会影响人们对词义的理解。例如，“红枣、枣红”“纱窗、窗纱”“火炉、炉火”“牛奶、奶牛”“客房、房客”“盒饭、饭盒”“球网、网球”这几组词都是偏正结构（定中关系）的复合词，前后成分之间是修饰与被修饰的关系，构成复合词的词根完全相同，但是语义却完全不同。这正是因为词根之间的结构关系，即修饰成分与被修饰成分的角色发生了逆转造成的。在句法中同样如此，如偏正结构“中国的人民”和“人民的中国”语义完全不同，“朋友的对象”和“对象的朋友”也完全不同。不仅偏正结构的复合词是这样，对其他结构类型的复合词而言，结构关系同样是影响和制约人们理解词义的重要因素，我们在理解词义的时候同样也包含对复合词内部词法结构的认识，这些词法结构关系同样是与句法结构关系相类似的。例如，“胆量、胆小”“地雷、地震”“国事、国营”这三组词中前一个是偏正关系，与句法结构中的偏正结构类似，前后的成分之间是修饰与被修饰的关系，后者是陈述关系，与句法中的陈述结构类似，前后成分之间是陈述与被陈述的关系。又如，“拔牙、拔高”“查票、查出”“打的、打败”这三组词中前者是支配式复合词，它们与句法结构中的述宾结构相似，构成成分之间也是支配（关涉）与被支配（关涉）的关系，后者是补充式复合词，与句法中的述补结构相似，构成成分之间也是补充说明与被补充说明的关系。通过以上几组词的对比，我们可以更真切地感觉到复合词内结构关系的存在，以及它们与相应的句法结构关系的相似。如果我们误判了这些复合词的结构关系，如按照修饰关系来理解“胆小”，按照主谓关系来理解“胆量”，将难以理解和分析它们的词义。

二、词法结构与句法结构的不同

虽然汉语复合词的构成深受句法结构模式的影响，但汉语中也存在一些无法套用句法结构关系来解释的复合词。根据对《现汉》（第1版）的研究，汉语中32346个由单词根与单词根组成的双字格复合词，其中不能从句法结构来解释的有1109个，约占3.4%（周荐，2016：32）。比如，在汉语中存在一些逆释类复合词便不能从句法结构关系的角度来解释。一般来说现代汉语中常见的复合词，都是按照两个直接组成成分的顺序从前往后进行解释，我们将这类词称为正释词。现代汉语中还有一些复合词，被称为“逆释词”，它们的语素顺序与正释词不同，把本应前置的语素后置，而按照从后往前的顺序进行解释，成为一种独具特色的复合词类型。例如，“辞行”是行前去（向他人）告辞，“死节”是为保全节操而死，“卧病”是因病而卧床。这类词现代虽然也会出现，但更多的是从古代留存下来的，因此它们呈现古雅的色彩，其词法结构与现代汉语里的句法结构不一致。其中，定中格的逆释词是起修饰、限定作用的字在后，被修饰、限定的字在前，如“宅院”是带有院子的宅子，“钩吻”是唇吻状的钩。状中格中也有一些逆序的词，即表示修饰、限定的成分位置在后，而被修饰、被限定的成分位置在前，如“冲喜”是用喜事来冲（晦气的事），“瞻仰”是仰着身体瞻望。支配格中也有一些逆序的，即表示支配的成分位置在后，表示被支配的成分位置在前，如“何以”和“庖代”，它们一般被认为是古代汉语在现代汉语中的遗留。

另外，还有一些无法套用句法结构关系来解释的复合词，它们有的是从古代文献的语句中截取来的。例如，“弱冠”一词来自《礼记·曲礼上》：“二十曰弱，冠。”“而立”出自《论语·为政》“吾十有五而志于学，三十而立，四十而不惑，五十而知天命，六十而耳顺……”“而立”指三十岁，则是后人割裂原文而形成的。“皮傅”则从《左传·僖公十四年》“皮之不存，毛将安傅”一句中整合而来。又如，“关于”本不是一个短语凝固而来的，“关”是动词，而“于”是介词，“于”只能和所带的宾语一起充当“关”的补语，如《宋史·陈贵谊传》“利害关于天下，是非公于人心”。这里，“关”和“于”并非处在同一组合层次上的直接成分，后来它们在逐渐发展中整合为介词“关于”。

有的是单纯的意合，内部关系复杂，仅仅从字面上难以看出结构关系。例如，“奚落”是用尖刻的话数说别人的短处，使人难堪，多用来表示讥讽嘲笑；“谢幕”是演出闭幕后观众鼓掌时，演员站在台前向观众行礼，答谢观众的盛意。“奚落”的字义和词义的关系比较难确定，而“谢幕”中间隐含了一些成分，字与字之间的意义关系也难以说清楚。

还有的复合词因为构词成分是虚字，意义也不是很明确，如“着呢、来着、罢了、所以”[①]。这些由虚字构成或虚字参与构成的复合词，

① 王力先生认为“所”是代词（王力，1958），但是作为语素，“所”已极度虚化，很难再看作是代词性的了。

就很难归入上面所涉及的几种关系类型，自然无法套用句法结构关系来解释。

汉语词法结构无法套用句法结构来解释还体现在词的结构关系与词的语法属性不一致上。就向心结构的句法结构而言，定中结构多是体词性的，而状中结构、支配结构、补充结构通常是谓词性的，由名词性成分构成的联合结构多是体词性的，由谓词性成分构成的联合结构则多是谓词性的。与句法结构相比，复合词结构和语法属性就不一定会对应得如此一致和整齐。据戴昭铭（1988）对《现汉》前半部分的考察，在20065个词中，结构和功能不一致、不对应的占总数的16.73%。复合词每个字一般都有自己的语法属性，合在一起就有了整个词的词性。一般来说复合词的词性与结构，在很多情况下是呈现着对应关系的，如支配关系的词多数是谓词，像“丢人、救急”，定中偏正关系的词多数是体词，像“水杯、弊端”。而联合关系的词，其词性会有不同的情况：由两个名词性的字构成的名词如“道路、风云”，由两个动词性的字构成的动词如“打击、问询”，由两个形容词性的字构成的形容词如“松软、平安”。但词性和词语结构的关系远非如此简单，复字词的词性也并不总与构成它的两字的语法属性保持着一致关系。例如，两个动词性的字构成的多是动词，但也可能是名词，像“开关”；两个形容词性的字构成的多是形容词，但也可能是名词，像“高矮”；两个名词性的字构成的多是名词，但也可能是动词，像“号令”就具有动词、名词两个词性。词语结构是支配式的，而词性却不是动词的例子也非常多，如“绑腿、督学、护膝、镇纸、封条”都是名词。支配式的名词由来已久，古代女官名就有不少是支配式的，如“司仪、司门、司寝、司账”。很多词的结构关系是状中偏正式的，词性是动词，如“快递、春耕”；但词语结构是状中式的，而词性是名词的也有一些，如“盲流”。词语结构是陈述式的，词性多是动词，如“位移、质变”；但词语结构是陈述式的，而词性是名词的也有不少，如“公主、二人转”。词语结构虽是联合式的，由两个动词性的字联合而成的，词性按理应该是动词，但却是名词，如职务名词“指导、编辑”。

汉语的词法结构和句法结构有一致性，也有不一致的情形，因此，汉语复合词结构类型是比较复杂的，完全用句法结构模式来解释复合词中词根与词根的关系有时候是比较困难的。

第五章　词汇化与词语的衍生

第一节　词汇化与词语发展

一、什么是词汇化？

吉翁（Givón，1971）提出一个著名的观点：今天的词法曾是昨天的句法。这一观点蕴含了一种语言中的普遍现象，即从句法到词法的转化现象在语言中普遍存在，而这种现象称为“词汇化”（lexicalization）。根据蒋绍愚（2015：83），“lexicalization 有两个意思。一是指各种语义要素（semantic elements）在不同的语言里如何以不同的形式融合（conflate）成不同的词。这主要是泰尔米（L.Talmy）提出来的，一般认为这是共时现象。一是指某种语言形式其理据消失，结构凝固，最后变成一个词的过程，一般认为是历时现象”。这里所谈的词汇化指的是后者。语言的三要素有语音、词汇、语法，其中，词汇的发展变化最快，也是最活跃、最敏感的要素。除了新事物的产生需要语言中出现的新词语来表达之外，现代汉语系统中的很多词语也是通过词汇化衍化而来。

二、词汇化种种

（一）自由的句法组合衍生为复音词

上古汉语的词汇以单音字、单音词为主，而现代汉语则以双音词为主，现代汉语词汇系统的面貌已经发生了很大的变化。词汇在不断的发展过程中，双音化是其中的一个内部趋势，现代汉语中不少复音词是从古代自由的句法组合衍生而来，从自由的句法组合衍生为复音词，这就是词汇化。具体而言，这些自由的句法组合可以细分为两类：一类是由语法性成分和词汇性成分组成的句法结构，另一类是全部由词汇性成分构成的短语。

现代汉语中由语法性成分和词汇性成分组成的句法结构衍生而来的词语不少。我们耳熟能详的如“所”字，在古代“所”是一个名物化的标记，后面加上动词性成分，如今我们熟悉的复合词“所有、所在、所以、所谓”都经历过词汇化。众所周知，“所”作为古代汉语中的名词化标记，其作用是使一个谓词性成分转化为体词性成分，即“所 VP”转指 VP 的受事（朱德熙，1983）。例如，《史记·司马相如列传》：“无是公言天子上林广大，山谷水泉万物，及子虚言楚云梦所有甚众，侈靡过其实，且非义理所尚。”“所有”本指“拥有的东西”，“有”是动词，“所”在“有”前面使其名词化。名词化标记“所”与谓词性成分组成的结构一直都很能产，但在现代汉语中“所”的名词化功能基本由“的”来实现了，因而“所”的名词化功能逐渐衰退了，当“所”的名词化功能衰退以后，一部分由“所”组成的名词化结构就作为一种遗留而凝固为词。

除了“所”，生活中常见的还有另一个名词化的标记“者”，如“作者、学者”，“者”的前面是动词性成分 VP，二者共同构成“VP 者”，“VP 者”一般转指 VP 的施事（朱德熙，1983）。董秀芳（2002）认为，同“所”一样，“者”作为名词化标记的语法功能在发展过程中也衰落了，其功能在现代汉语中也由“的”来表示。可以说，现代汉语中的“的”涵盖了古代汉语中“所”与“者”的功能，因此包含“者”的一些双音结构演变成了词。以“作者”一词的词汇化为例，在古代汉语中动词“作”有不同的含义，因此“作者”作为一个名词化结构，在不同的情况下，也能表达不同的意思。例如，《礼记·乐记》“作者之谓圣，述者之谓明”中“作者”的意思是“发起人”，《史记·平准书》“穿汾、河渠以为溉田，作者数万人”中“作者”指的是“劳作的人”，《论衡·书解》“圣人作其经，贤者造其传，述作者之意，采圣人之志，故经须传也”中“作者”指的是“文章或艺术作品的创作者”。如今，现代汉语中“作者”指文章或艺术作品的创作者，是专指义[①]。

另外，本来松散结合在一起的若干个字，可能只是短语，只不过在日后逐渐凝固为词，完成其词汇化的过程。王力（1957）曾经指出，仂语（即短语）的凝固化是复音词产生的主要方式，因此汉语中这一类词汇化的情况最多。例如，“牺牲”在上古汉语中不是词而是并列短语，“牺”和“牲”是两种东西——古代祭祀用的牛羊等家畜，色纯叫“牺”，体完全的叫“牲”。《左传·庄公十年》：“公曰：‘牺牲玉帛，弗敢加也，必以信。’”后来“牺牲”在意义上发生了引申，有动词和名词的用法，多指为正义事业献出自己的生命，也指为一方利益而舍弃或损害另一方的利益。又如，“作为”本来也是一个动词性的短语，《韩非子·十过》：“禹作为祭器，墨染其外，而朱画其内。”后来这一结构词汇化为一个名词，义为“所作所为，行为”。“作为”还可以是一个动词，义为“当作”，如明·朱长祚《玉镜新谭》：“近发银七万两，更创肃宁新城，诚可作为眉坞深计。”现代汉语中“作为”的意义是在原有意义基础上的引申。再如，“同情”原为支配结构的短语，《后汉书·马援传》载：“四海已定，兆民同情。”这里的“同情”作为一个表示支配关系的短语，义为“具有同样的想法”。如今“同情”词

① 也有人认为现代汉语中的“作者”源于日语“作者”（sakusha），是对英文author、writer的意译，如刘正埮等（1984）。事实上，“作者”是词汇化的产物，这一意义本身却是古已有之，不是翻译来的，只不过其意义的固化可能受到了日语的影响。

汇化了，指“对别人的遭遇在感情上发生共鸣或对别人的行动表示赞成”，成为一个及物动词，后面可以带上宾语。复如，“地震”在《后汉书·光武帝纪下》“日者地震，南阳尤甚”中是一个动词性的陈述短语，如今“地震”多用作名词。

（二）跨层结构的词汇化

除了自由的句法结合衍生成词外，有的词汇化从本来不在同一个句法层次上的跨层结构中脱胎出来。例如，“恨不得”在古代并不是一个词，《汉书·王骏传》载：“数月，薛宣免，遂代为丞相。众人为骏恨不得封侯。”从结构层次上看，例子中的“恨”与“不得”并不在一个层次上，而是跨层结构。其中意义非常实在的心理动词“恨”充当谓宾动词，助动词“不得”连同后面的谓词性结构共同作“恨”的谓词性宾语。而“恨不得”在现代汉语中则是由三字构成的一个复合词，不能对它进行句法结构上的切分。又如，“否则”在古代也不是一个词，《尚书·益稷》载：“格则承之庸之，否则威之。”这里的“否”和“则”也不在同一个层次上，“否”代表一个假设性的小句，其意思类似于“如果不这样”，“则”引出后果和结论，相当于“那么，就”，后面是一个谓词性的短语，如今“否则”是一个连词。

词汇化的说法，不能狭隘地理解成仅仅是在词这一级单位上的变化过程，而应理解成是在各级词汇单位上的变化过程。例如，《左传·僖公五年》载：“谚所谓‘辅车相依，唇亡齿寒’者，其虞虢之谓也。”该谚语中的“唇亡齿寒”作为成语被后世继承了下来，而“辅车相依”却被不少人遗忘了。又如，宋·苏麟《献范仲淹诗》里的诗句“近水楼台先得月，向阳花木易为春”，其中的“近水楼台先得月”成了成语，甚至进一步浓缩为四字成语“近水楼台”。

三、词汇化的原因

隐喻和转喻是人类认知思维的重要特征，在语言的发展演变中也起着很大作用。词汇化的原因有很多，一般是认知方面的原因，包括转喻、隐喻、重新分析等。董秀芳（2011：93）认为，在短语词汇化的过程中，隐喻或转喻是造成语义变化的重要原因。隐喻是基于概念结构的相似性从一个认知域到另一个认知域的投射（莱考夫、约翰逊［Lakoff & Johnson］，1980），比如“口”本是人体的部位，后来根据相似性将其应用于其他认知领域，于是就有“门口”之类的说法。转喻则是基于相关性从一个认知域到另一个认知域的过渡（古森斯等［Goossens，et al.］，1995），如“便衣”由平常人穿的服装变为身着便衣执行任务的军人、警察等，就是转喻引起的语义变化。一些短语正是由于在语义上发生了隐喻或转喻才衍生成词，比如“要领”原指“腰和脖颈”，是一个名词性的并列短语，《吕氏春秋·顺民》载：“孤虽知要领不属，首足异处，四枝布裂，为天下戮，孤之志必将出焉！”“腰”和“脖颈”是人体中的关键部位，基于这一点产生了相似性关联，从人体部位认知域投射到一般事物的认知域，就出现了“要领”的隐喻用法：指“事物的重点、关键”。在隐喻的影响下，“要领”词汇化为一个双音词。又如“秘书”本是一个偏正结构的短语，义为“秘藏的书籍”，一般指宫禁中的藏书，《汉书·楚元王传》载：“河平中，受诏与父向领校秘书，讲六艺传记，诸子、诗赋、数术、方技，无所不究。”后来“秘书”变为一个官名，指掌管文书并协助机关或部门负责人处理日常工作的人。“秘书”一词的语义变化从指称一种事物变为指称这种事物的管理者，这种联系是二者在认知域上的相关性，属于转喻造成的语义变化。

在语言的演变过程中，句法结合并不紧密的结构凝固成一个常用词，其中很重要的一个原因就是重新分析（reanalysis），这是促成句法结构词汇化的另一个重要原因。简单地说，所谓重新分析就是听者（或读者）在接受语言编码后解码时所进行的一种心理认知活动，他们不是根据语言单位之间本来的句法关系来理解，而是按照自己的主观看法（通常都是在一定的诱因作用下）对文本做另一种解读。这样，原来的结构关系在听者（或读者）的认知世界里就变成了另一种结构关系。拿 ABC 这样的语言组合来说，假如它本来的结构关系是 A（BC），那么进行重新分析后，它的结构关系可能就是（AB）C（王灿龙，2005）。再以“恨不得”为例，据王灿龙（2005），“恨不得”是从早期的短语“恨 / 不得”，即“因得不到而遗憾”的短语义结构，词汇化为“巴不得”的整体词义结构，重新分析机制起了决定性的作用。宋・洪迈《夷坚志・石六山美女》：“少年不思归，女曰：‘与君邂逅合欢，恨不得偕老。’”王灿龙认为，当该女子说“恨不得偕老”时，她表达的意思是，因“不得偕老”而生“恨”（遗憾），而不是“希望偕老”。但一般人联系上下文理解“恨不得偕老”时，不会认为她是在表达那种“遗憾”的现实心境，而是在表达“希望偕老”的美好愿望。在这个关键点上，就发生了重新分析，从而使“因不得什么而遗憾”，变成了“巴不得”这样的整体语义，融合后再也无法切分，从而产生了词汇化。

四、词汇化程度

词汇化的过程是历时的、动态的，是随着时间逐渐发生变化的。因此在词汇化的过程中，当句法结构发生了重新分析，并不意味着这个结构马上就变成了词，即从短语、句法结构到词是一个渐变的过程，必然会出现短语与词、句法结构与词共存的阶段，有些甚至经过漫长的发展阶段也仍然没有完全分开。在现代汉语这一共时状态下，词与词组的界限模糊一直是困扰汉语学界的一个难题，区分二者的标准不易做到形式化和绝对化，往往是由于历时的连续的词汇化过程造成的，因为在汉语史上，词和短语并非不可逾越的鸿沟，短语与复合词构成一个连续的过程。因此，历时的词汇化研究可以给我们解决短语与词的界限问题提供一些帮助。

词汇化的动态研究着重于对词汇化过程的描写，而词汇化的静态研究着重于词汇化程度的分析，两方面的研究都有助于确定一个语言形式的词汇性质。从词汇化的程度来看，词汇之间的词汇化程度存在差异，有的词词汇化程度较高，而有的则较低。对于“词汇化具有等级性特点”，帕卡德（Packard，2000）认为，如果一个词的构词成分具有语义和语法明晰性，则该词的词汇化程度较低；相反，如果一个词的构词成分失去了其语义和语法理据性，则该词的词汇化程度较高。总而言之，一个词和它的构词成分之间的关系决定了该词词汇化程度的高低：词语和构词成分之间的联系越弱，该词的词汇化程度就越高，反之则较低。词汇有单纯词、派生词和复合词，一般认为，派生词和复合词都具有一定的语义和语法理据性，而单纯词往往不具有语义、语法理据性。因而一般说来，单纯词的词汇化程度最高，其次是派生词、复合词。帕卡德对词汇化程度的这一番论断主要是针对复合词而言。所以说，即使同为复合词，其词汇化程度也有高低。对复合词词汇化程度高低的判断主要是依据其构词成分的语义和语法明晰性。词汇化程度最高的词是其构词成分同时失去语义和语法明晰性，如汉语中的“物色、左右[①]、压根”等；其次是构词成分失去语义明晰性但还存在语法明晰性的词，如“千张、问世”等；然后是构词成分具有语义明晰性但失去语法明晰性的词，如“主笔、学究”等；词汇化程度最低的词是其构词成分同时具有语义和语法明晰性，如“补课、仰视、捧场”等。当然词汇化程度也不仅限于词这一个层级，对于语也同样

① 这里的“左右”表示支配、操纵义，是动词性的。

适应。比如，汉语成语作为词汇单位其实也经历了一个漫长的词汇化过程，一开始成语大多都是一个短语，如“同甘共苦”，有的是一句话，如“乘风破浪”，有的甚至还是一个篇章，如“守株待兔”。随着它们使用频率的增加，其结构形式及整体意义也逐渐变得固定，最终形成一个词汇单位，融入现代汉语的词汇系统中。由于词汇化程度的差异，有的成语的内部成分间的语法关系和意义在今天还是很容易看出的，如“抱头鼠窜、口是心非、一心一意”；而也有的成语内部成分间的语法关系和原始意义都变得十分隐晦，难以看出，如“抛砖引玉、临渊羡鱼、白云苍狗、望洋兴叹”。[①]

第二节 词汇的共时面貌与历时变迁

一、词语的历时变迁为共时面貌提供解释

现代语言学之父索绪尔有一个很重要的观点，就是区分了共时语言学和历时语言学，即区分语言发展中的共时态和历时态。共时语言学是对语言历史发展中某一阶段的研究，而历时语言学研究语言在较长时间内经历的变化，即语言的演化。对词语而言，我们既可以从历时的角度去研究它发展演变的过程，也可以从共时的角度去研究它某一个阶段的情况，还可以将二者有机地结合起来。当然，不管是词语理论研究还是词语运用，共时、历时都有十分重要的意义。

在词汇应用与词汇教学中，我们往往可以从共时与历时两个视角来考虑问题，比如可以为词语的语法功能找到语义依据，这对于学生的理解是很有帮助的，词语的语义方面的依据往往是词语的运用理据，

① 具体可参看钱韵、余戈（2003）。

如此词语的运用学习就不再困难。举个大家都耳熟能详的例子，现代汉语中大多数虚词的虚化过程都是有迹可循的，可以通过研究找到其实词的源头。具体而言，在实词虚化的过程中，它们最初在句子中的语法位置都是固定的，并且固定充当一定的语法角色，并承担一定的语法功能，后来在使用的过程中，其词汇意义逐渐减弱，语法意义日渐突显，最终其语法功能会定型。在现代汉语中，它们的语法意义占主导地位，而它们的词汇意义可能会变得无足轻重了，这样这些词就变成了独立的虚词，从共时层面来看，它们的词汇意义已经不再使用，或仅仅保存在一些书面语、方言词或历史传承词中。例如，我们熟悉的动态助词“了”就经历了实词虚化的过程，“了”在现代汉语词汇系统中已经是典型的虚词，其词汇意义已经虚化、消失，但“了”在过去的实词义“结束”，可以为其在现代汉语这一共时层面的、表示时态的语法功能的运用提供理据（王东海，张志毅，2007）。“了”的词汇意义（表示“结束”的意思）在共时层面已不再独立使用，只保留在一些成语如“敷衍了事”以及“了结、了却”这样的书面语中——此时，它们只是作为构词的成分，所表达的已不再是词义，而是语素义。当然，也有极少数可独用的，但主要用于口语，如“这也算了了一桩心事”。语言发展是一个渐变的过程，不可能一蹴而就，在共时语言研究中，副词一直被认为是介于实词与虚词之间的词类，最主要的原因是很多副词都没有完成一个完全的实词虚化的过程。在词汇教学中，在介绍“了”表示过去时态的语法功能时，可以将其与词汇层面的实词“了”的语义联系起来，从而帮助学生建立起语言系统的跨领域、跨层面的立体联系，让学生有词汇是在不断发展的这样的历时概念，从而也就使词汇教学不再只局限于形式上的死记硬背，而是帮助学生有理据地学习，让教学更加灵活、有趣。

另外，从共时的角度看，如果单纯按照语素义来理解词义存在一定的难度，也大多都有历时、历史因素在起作用。比如，前面我们谈到的有的复合词的结构关系无法用句法结构来分析，因此在词汇语义的研究和词汇运用中，一些复合词的结构关系不可分析成为一个大难题，而构词方式不可分析多是因为构词理据不可解释，但如果从词义历时发展来看，很多问题就都能迎刃而解。例如，有人指出“牟取”的构词理据不可解释，主要是由于“牟”是“蛑”的假借，“蛑”即贪食苗根的虫子，“牟取”指的是像蛑贪食苗根那样去获得，用以形容贪婪地获取。又如，“救火”的理据不好解释，根据相关考证，主要是因为《说文解字》中“救，止也”的本义在词义历时发展中失落了，在共时层面不再使用了（王艾录、司富珍，2002）。

二、汉语史上词汇发展的四个高峰期是词汇共时面貌的重要表现

词汇仿佛是一条流动的河流，永远在不断地向前发展。在发展的过程中，词汇也在不断地增加，但也有词语被淘汰出词汇系统，但相对来说词语增加的数量要比淘汰的多。总的来说，词汇发展的过程是一个词汇增量的过程。我们现在看到的现代汉语的词汇系统不是一蹴而就、一成不变的，而是经过千百年的历时变迁，不断增加新词、淘汰旧词，而呈现出的状态。当然现代汉语词汇要素在不同的历史时期也会呈现出不同的面貌和特点，词汇的共时状态无异于历时变迁在某一时期的投影。词汇的历时发展的过程也不是匀速进行的，在汉语词汇史上，词汇就曾经历过多次较大的井喷式的发展高潮，体现出当时社会发展变化的情况。总的来看，汉语词汇有四次较大的井喷式的发展时期，而我们今天能见到的词语很多是从这些不同的时期传下来的。

第一个时期是百家争鸣的春秋战国时期。思想的解放，需要语言的自如表达，而语言的自如表达，又需要以词汇丰富为先决条件。今天我们看到的先秦典籍，其中有相当数量的词即是那个时候的新词，

如《老子》中的“圣人、四邻、万物、微妙”,《庄子》中的“扶摇、莽苍、天池、野马”,《墨子》中的“诋讦、肌肤、亲戚、外交”,《荀子》中的“博学、邪辟、须臾、中正”。后世定型的成语，不少也出自先秦诸子的著作，如“宠辱不惊、虚怀若谷、道法自然、上善若水”出自《老子》,“不耻下问、举一反三、诲人不倦、见贤思齐”出自《论语》。

第二个时期是自东汉开始直至隋唐的这一阶段。中华文明自从在中原大地定型以来，还从未受到过像佛教这样的外来文化的巨大冲击和深刻影响，而这一冲击和影响，在语言中留下了非常明显的印记，大量的佛教词语进入汉语，如“佛、尼、塔、僧”“袈裟、轮回、沙门、世界”。这些佛教词语，有的是经音译进入汉语的，有的是汉语不惜专为其造字（如“佛、塔”）而使之成为汉语词汇成员的。

第三个时期是唐至明清这一阶段。从唐代开始，语言关注的焦点逐渐由庙堂向民间转移，即开始由雅向俗转化——歇后语这个熟语类型以及被后人称作“惯用语”的三字格的词汇类型均出现于此时就是很好的证明。这一阶段里，三字格词汇单位不但数量呈迅猛增长之势，而且绝大多数由俚俗的成分构成，典雅的成分极为罕见。蒋冀骋、吴福祥在《近代汉语纲要》里归纳出近代汉语词汇的四个特点：一是口语词多，二是方言俗语词多，三是市语多，四是外来语多。在谈到市语时，该书指出:“市语包括行话。元曲和明清话本中所使用的市语、行话之多，堪居中国古典文学作品之首，就范围而言，三教九流，天文地理，皆有涉及。”（蒋冀骋、吴福祥，1997：189）

第四个时期是明清开始迄今的这段时间，主要是西方文化对汉语的影响。在这一阶段里，以传教士为主体的西方人士将基督教带来中国，与此同时，先于中国人而受到西方文化影响的日本人也将他们消化过了的西方概念用汉字这个中国人易于接受和掌握的工具输送进中国，这造就了大量的西方外来词和外来概念词，前者如“涤纶、基因、米突、尼龙”，后者如“火轮、机车、警察、月台”。

词汇这些重要的发展变化，有的主要靠汉语自身调节实现的，有的是借助于与其他文明的互动实现的。汉语词汇第一次井喷式的发展，得益于那一场史无前例的思想解放运动，就是靠汉语自身调节出现的，是靠中国社会的发展变化而实现的。学者广收门徒，政客豢养门客，书生著书立说，终于造就了中国历史上前所未有的百家争鸣的局面。这一大好局面，因秦始皇焚书坑儒的血腥之举而戛然终止。第二次井喷式的发展，是借助于与其他文化的互动实现的。佛教文化对汉文化的影响是不小的——“南朝四百八十寺，多少楼台烟雨中”即说明了其影响之大。虽然经历了“三武一宗”的灭佛，但历史的车辙上并未留下特别明显的“刹车痕”，佛教词语久用不衰，直至近现代。但佛教词语使用归使用，它造词的旺盛期大概只是东汉发轫后的数百年；之后，造词的爆发力在唐后即趋式微，如今常见的佛教词语很少是近现代造就的。第三次井喷式的发展也是靠汉语自身调节出现的，它所表现出来的语言的俗化，其实很早就存在了，只不过唐代表现得更加成规模罢了。中国的俗文学，郑振铎先生认为早在先秦即已发轫，“凡不登大雅之堂，凡为学士大夫所鄙夷，所不屑注意的文体都是俗文学”（郑振铎，2010：1）。俗文学所反映的多是俗文化，俗文学的载体相当一部分就是俚言俗语。俗语入诗，《诗经》时代便很常见；但俗语为诗人有意识地大规模地用于诗中，却是从唐开始的。郑先生指出：“到了唐代，佛教的势力更大了，从印度输入的东西也更多了。于是民间的歌曲有了许多不同的体裁。而文人们也往往以俗语入诗；有的通俗诗人们，像王梵志、寒山们，所写作的且全为通俗的教训诗。”（郑振铎，2010：10）这一俗化的过程到了20世纪初的新文化运动，似乎愈发强劲，迄今未见完全停歇的迹象。第四次井喷式的发展又是靠与其他文化的互动实现的。这个时期从西班牙籍天主教耶稣会传教士沙勿略（St. Françis Xavier，1506—1552）、意大利籍天主教耶稣会传教士利玛窦（Matteo Ricci，1552—1610）等从明末踏上中国领土的那一刻算起，已绵延了400年以上的时间，造词运动仍在进行，迄今未有终止。

近代西方文化之所以对中华文明的影响持续几个世纪之久未有止歇，而不像佛教文化那样只持续一段时间即告终止，很大程度上是因为近代西方文化不纯粹是宗教文化，或者说宗教文化只是它的一小部分。词汇的这四个重要发展时期，除第一个因强力干预而终止外，另三个都绵延不绝，彼此缠绵交织在一起，有时形成发展的合力，分不清彼此。汉语词汇两千多年的发展，既有交替的性质又衔接得十分紧密，同时呈现出文化的多元性。汉语词汇在历史上的这几次重要的发展，无论主要是靠自身的调节产生的还是借助于与其他文化的互动实现的，中西交流背景下的社会变迁都是它最大的原动力。

三、激荡的社会和频密的交流推动词汇的发展

20世纪中叶开始，汉语词汇迎来了一个激增发展的高潮期。这个高潮期绵延了半个多世纪，一直到清末民初才逐渐开始走向平稳。

汉语词汇的发展之所以会在清代中晚期迎来这不同凡响的半个多世纪，和国门洞开、文化交流有紧密的关系。众所周知，封建时代的中国，国门是否打开、何时打开、打开的程度如何、打开的久暂情况怎样，很大程度上都是由统治者做主的，而统治者则往往将国门开闭与是否有利于其统治放到一起加以考量。当然，历史并不总是由统治者来主宰，中国末代的封建统治者就在19世纪中叶在帝国主义坚船利炮的巨大压力下极不情愿地将国门打开。国门稍一打开，外来的文明即如洪水从闸门涌入一般瞬间对中华文明产生了影响。率先将外来文化输入中华大地的，就是这一时期以传教士为主体的西方人士。汉语词汇在19世纪中叶后期的面貌变化特别大，这些来自西方的文化传播者起了很大的作用。

潘允中（1989：141）指出："明代二百七十多年间（公元1368—1643），跟东西洋的交通逐渐频繁。尤其是在16世纪末期至17世纪初期，意大利人利玛窦等一群传教士来到中国。他们除了传教外，同时和徐光启等人译了一些科学书籍。因此，中国人和不同西洋文化接触，汉语中出现西方语言的借词（多数是拉丁语），也是从此开始的。"利玛窦与中国学者徐光启（1562—1633）合作翻译的希腊数学家欧几里得《几何原本》前六卷，其中出现了不少令时人耳目一新的科学术语，"几何"而外，还创造有其他一些术语词，或使一些已有词语的术语义愈发明确，使用更加规范，如"点、面、角、垂线、横线、平面、平角、直线、直线角、曲线角、杂线角、三角形"（安国风，2008：149-164）。《几何原本》是中国科技史上的丰碑，是中西文化交流史上的不朽著作，也在汉语词汇发展史上留下了深刻印记，而且这些词语迄今仍是现代汉语词汇中不可或缺的组成部分。

另外，传教士们创办的中文报刊，对汉语词汇的创造和传播起到了重要作用。例如，《遐迩贯珍》上出现的一些词既是当时的时尚新词，反映社会由旧而新的发展面貌，也带有造词上的标志性意义，为后世的汉语词汇发展提供了某种范式，如"赤道、词义、词语、地理、地学、国债、圣经、新闻、地中海、国议会、寒道带、邮火船、副领事官、著作权者"。而《六合丛谈》是上海第一家中文报刊，咸丰七年（1857年）创刊，只存在了一年的时间（沈国威，2006）。《六合丛谈》是综合性的新闻刊物，尤重商情的传递，这一点对于词语的民间创造和市井传递尤为重要。《六合丛谈》中的词语在创制上十分贴切，其中一些词语至今仍在使用，如"动植、基督、教士、马太、球径、新疆、议院、传教士、创世纪、寒暑表、路程表、拿破仑、脑炎症、数理学、温寒带、叙利亚、圆柱面、测圆密率、马其顿王、马达加斯加岛"。激荡的时代词汇发展迅猛，一些词语的使用反映出词语初造时尚未定型的情况，如《六合丛谈》四次用"太平洋"，两次用"太平海"，《海国图志》译 France 多用“佛兰西”，也用“法兰西”。

清中期之后一批中国人发现其眼中的世界与四书五经等典籍中所描绘的世界截然不同，因而迥异于圣贤书中的词语也渐次出现于他们的笔端。他们中较早的著名人物魏源（1794—1857）所著《海国图志》初版于道光二十三年（1843 年）刊行。《海国图志》内容主要是介绍世界各国的风土民情与世界大势，特别是洋人的坚船利炮，阐述了作者“师夷长技以制夷”的观点。《海国图志》中出现了那个时代的不少新词，一些本不太知名的地名词经他使用后开始广为人知，如“步兵、地雷、飞炮、公司、广州、海舟、荷兰、虎门、火箭、火球、火艇、火舟、纪律、扛铳、扛炮、炮城、炮架、上帝、神子、圣母、水雷、石油、水师、天使、天主、鸦片、耶稣、札船、佛兰西、佛郎机、红毛船、火轮舟、火药舱、江豚油、快蟹艇、欧罗巴、三元里、蜈蚣艇、英吉利、火箭喷筒”。

比魏源晚大约半个世纪，另一位著名人物郑观应（1842—1922）撰成其政论著作《盛世危言》一书，其中也有不少新词语，如“当兵、公使、合同、火险、口岸、利权、手枪、小费、大学院、士官生、守旧党、鱼雷艇、国家银行”。郑观应的散文体著作《长江日记》中更有不少新词语，如“磅、暗轮（装在船尾，在水下的推进器）、保险、报单、报关、别口、潮帮（广东潮州商人群体）、车盘、吃水、出货、大车（轮机长）、大副、代销、地球、点钟、董事、舵楼（驾驶舱）、二副、教堂、教徒、进口、局务、开关、矿质、轮船、马力、买办、煤气、内地、炮船、起岸、起拨（盘货陆行）、铅笔、商董、商局、商情、税关、提单、铁路、验单、洋布、洋餐、洋关、洋货、洋匠、洋伞、洋纱、代理人、电报局、官银号、招商局、执政者、通商埠口、通商口岸、脚踏独轮车、天主耶稣教（对天主教、基督教的一般称谓）、新式机汽锅炉”。一般而言，词语在诗中的使用会受到格律的限制，但是新词语在郑观应的诗中却得到了比较广泛的运用。例如，

《述志四十韵》诗中有“西学”(“西学资实用”)、“格致”(“繙绎考格致”)、“抗议”(“流传同抗议”)、“铁路”(“兼理铁路事”),《六十初度书怀》诗中有“化工”(“课艺何妨补化工”)。郑观应的著述中还涉及国家名、地区名、外国人名，如《莫若篇》诗中的“波兰”(“覆辙蹈波兰”)、“埃及”(“否则如埃及”),《感时即事上盛杏荪太常》诗中的“中东”(“中东肇衅后”)、“日英美”(“亟联日英美”),《与朱晓南观察论时局》诗中的“英德”(“政治如英德”)等。

由洪秀全(1814—1864)领导的遭到中外势力共同镇压的太平天国运动，借基督教义来反对清朝统治，创造并使用了不少带有西方文化色彩的词语，可以看出其对西方文化的接纳的态度。比如，洪秀全将其创立的宗教会称为“拜上帝会”，将其宗教称作“拜上帝教”，称上帝耶和华为“天父”，称耶稣为“天兄”，自号“天王”，原配妻子为“天妻”，还有“天廷、天府、天台、天令、天条、天法、天启、天试、天历、天霆”等以“天”构造的词语，这样的词语都难从其镇压者曾国藩的著述中发现。太平天国所创的染有西方文化色彩的词语，也是那个激荡的社会和频密的文化交流所产生的结果。从19世纪中后期到20世纪初，在心理上排斥西方文化，在行动上不接受其影响的守旧派人士大有人在，前者的代表人物如张之洞，后者的代表人物如辜鸿铭。他们对新词语所代表的新文化的抗拒态度已成民间的桥段，尽人皆知，不再赘述。要指出的是，历史的发展非个别人所能阻挡，词汇的发展亦然。

四、近现代汉语词汇的发展为现代汉语词汇确定框架

数百年来汉语的长足发展，奠定了汉语词汇的基本框架。不仅其词语数量，而且其词汇类型、造词模式，都在数百年间夯实了基础，确定了基本的面貌。

汉语词语在19世纪中后期数量究竟是多少，由于当时并无相关的汉语词典问世，我们今天无法确切地知道那一时期的词汇量。18世纪中叶倒是有一部重要的汉语词汇集，那就是翟灏的《通俗编》。《通俗编》虽是当时收条最多的一部词汇集，却也只收了5500条左右。我们揣想，倘能将时代接近的其他学者的类似著作（如清·钱大昕《恒言录》、清·陈鳣《恒言广证》、清·梁同书《直语补证》、清·顾张思《土风录》）收入的词语条目与之汇总到一起，估计总数或可达20000条左右，或能与当时词汇的实际总量更接近一些。

1930年问世的《王云五大辞典》收单字10000余个，收词语50000余条。《王云五大辞典》是王云五以一己之力编纂而成的，虽然在词语的时代性、规范性等问题的把握上未必十分稳妥（参看周荐，2019a），但却可以作为一个参考。比《王云五大辞典》晚出版30年的《现汉》，它的数据更加真实可信。《现汉》1960年的试印本，收条43000个。这个数字比30年前出版的《王云五大辞典》少一些，或只能说明《现汉》在把握共时平面这个原则上的严格和谨慎（周荐，2019b），20世纪中叶的词汇总量应该在40000条至50000条之间。

如果可以将1751年的《通俗编》、1930年的《王云五大辞典》、1960年的《现汉》（试印本）这个三点一线的线索系联起来，我们有理由相信，19世纪中国社会中西交流大背景下语言发展迅猛，彼时的词汇总量应该远高于18世纪中叶的20000条左右，而更接近20世纪中叶的40000条至50000条的数量，我们将19世纪中后期汉语词语的数量定在40000条左右，或许是比较接近事实的一个估计。

近现代的词汇类型，也为后世提供了重要的模板。可举两个例子以作佐证，一是外来词，二是熟语。19世纪中叶开始大量充实进汉语词汇中的新词，一部分就是来自西语的拟音外来词。这种词汇类型，是之前不多见的，今日的音译外来词正是循着一百多年前的路径一路走过来的。中国学人虽然早已关注熟语，但是直到十九世纪七八十年代，才有西方来华传教士对汉语熟语进行深度的研究，做出理论探讨。例如，美国公理会传教士明恩溥（Arthur H. Smith，1845—1932）编纂的《汉语谚语熟语集》（*Proverbs and Common Sayings from the Chinese*），其最初的版本于光绪十四年（1888 年）由上海的美华书馆（American Presbyterian Mission Press）出版。该书不仅收条 1969 条，而且所收录的熟语类型繁多，有谚语、歇后语、成语、惯用语、字谜、对联、诗歌、绕口令等近十类。明恩溥收录的汉语熟语的类型，今天我们基本上仍遵循着使用，并进行着类似的创造（参看周荐，2020）。英国循道会牧师斯卡勃鲁斯（William Scarborough，生卒年不详）的《谚语丛话》（*A Collection of Chinese Proverbs*）于光绪元年（1875 年）由上海美华书馆出版。该书收录其所认定的谚语 2720 条，更是收条最为宏富的一部汉语熟语集。

近现代汉语的造词模式，也为后世提供了可资学习的范式。现代汉语纷繁多样的造词模式，不少都可导源于 19 世纪中后期的造词运动，比如“词根 + 叠音后缀”式的“嫩生生、水灵灵、油汪汪、脏兮兮”（高静亭于嘉庆十五年［1810 年］刊刻的《正音撮要》中有“苦巴巴、热喇喇、咸津津、香喷喷”这样的词）、“固有语素 + 外来语素”式的“美洲、基督教”（《海国图志》中有“呢布、玻璃器、法兰西国”这样的半外来词）、“V + N”式的“混世界、捞稻草”这样的俗语（《汉语谚语熟语集》中有“花冤钱、生闷气、耍大梨、吃哑巴亏”，唐训方于同治十二年［1873 年］观稼楼刻本《里语徵实》中有“打秋风、耳边风、耍把戏、走马灯”这样的俗语）。当然，现代也有自己的新发展，如主宾同词构成的主谓宾式三字格“N + V + N”式的“背靠背、狗咬狗、黑吃黑、面对面、手把手、心贴心、自顾自”就鲜见于 19 世纪及之前的文献中。

近现代汉语词汇是汉语几千年发展的优良的结晶，而在其发展的过程中又吸收了外来文化的精髓，因此它为现代词汇发展所确定的框架，不仅基础牢固，且可行稳致远，为汉语词汇未来的发展提供重要的参照和指引。

第六章 决定一种语言词汇基本面貌的诸多因素

第一节 词汇的基本性质

现代汉语词汇是在长期的历史发展过程中形成的。从历时的角度来看，它继承了古代和近代汉语的词汇；从共时的角度来看，它吸收了不同民族、不同地域、不同行业的词语。同时，在社会交际的过程中，人们还创造了大量的新词语，使得现代汉语词汇更加丰富多彩，富有表现力。在现代汉语词汇体系内存在着不同类型的词汇，基本词就是其中很重要的组成部分。基本词是从语言词汇的基本方面来说的，它并非仅指词这一级的词汇单位，也包括了具有词汇基本性质的一些固定短语等单位。这些词语的总汇称作“基本词汇”，很大程度上反映了词汇的基本面貌。基本词汇具有哪些特性呢？有人给出三条判定基本词汇的标准：全民性、稳固性、能产性。

有人说基本词一般都是全民比较常用的。例如“的、也、水、笑、吃饭、睡觉”，都是人们语言生活中不能离开的。但是这里所说的全民常用性，实际上就涉及了时代层面的问题，在任何一个时代层面上都很常用的词（如“水、天”以及“运动”“好、坏”等），并不多见。一个词是否常用应该由该时代的整个语言社会来决定，在这一时代某个词可能极为常用，在另一个时代它可能就不那么常用，甚至可能成为死亡了的词语，如“败北、班师、不齿、归省”等在古代或许比较常用，但现在已经不常用了。

有人说基本词一般来说历史较为悠久。例如“中国”一词，至少在《诗经·大雅·民劳》中就出现了：“民亦劳止，汔可小康。惠此中国，以绥四方。”而刚出现不久的新词，就不太容易被看作是基本词。例如“内卷”一词，出现的时间很短，被评为2020年十大流行语，但其使用的范围非常广，主要指行业内部的非理性竞争，虽然无法与“中国”一词的使用频率相比，但它的使用频率却比一些年度新词语（如“双循环、空铁、集美、后浪”）高得多。而另一方面，这个词首先在网络上出现，又凭借网络流传开来，因此网民，尤其是年轻人，会对它更熟悉，使用的也会更多，而不用网络或不熟悉网络的人可能就不太熟悉，或者基本也不会使用，因此“内卷”一词也不太能说具有全民性。因此“内卷”显然不是基本词。当然，一个词历史悠久却未必是每个时代都常用的词。例如“饿殍”一词，意思是饿死的人，也作“饿莩”，在先秦就已出现了，《孟子·梁惠王上》：“庖有肥肉，厩有肥马，民有饥色，野有饿莩，此率兽而食人也。”但对现代人而言，“饿殍”虽然比“逻辑、电影、饮料、非常”等词历史长得多，但却没有这些词语常用，也并不是每个人都对它很熟悉。

有人说基本词都可派生出其他一些词。例如“水”可派生出“水管、渡水、节水、水墨、水边、盐水、水怪、糖水、赤水、水上、水面、胶水、浇水、积水、水竹、水井、水缸、净水、洛水、渭水、酒水”等数十个词语。但是这里所说的派生性或能产性，实际上就涉及了作为派生词的基础成分是否具有词的资格的问题了。例如“聪”一般被认为是语素，不是词，但是它也可构成“聪明、聪慧、聪敏、聪颖、失聪、聪睿”等一系列词语，在这些词语中，“聪”仅仅充当词根的角色。又如“工”可构成“工人、工厂、工具、工匠、工业、工艺、打工、员工、军工、民工”等为数不少的词，但是由于“工”早已不能独立运用而被人看作是语素，因此“工”是这些词中的词根，而不是基本词。

以上所说的基本词，历史悠久性是从古至今一以贯之的，全民常用性是大多数世代的人们生活中不可或缺的，派生性是可独立自由地使用的那类单字词。我们承认，这样的词的确可从语言中找到，但它们是学界早已认定的一类词——根词。学界给根词所下的定义是："一种词汇里最原始、最单纯、最基本的词，它是基本词汇的核心，在根词的基础上可以派生出许多其他词语。"汉语的根词多数是单音节的，如"人、火、走、听、冷、美"等。它们确实是历史悠久的一类单字词，在许多世代都比较常用，而且一般都可以它为基础构造出另外一些词来。但是，如果说语言社会早已认可这类词，而且也认定其为根词，那么还有必要再称其为基本词吗？因此，根词和基本词在概念上就不容易区分清楚。

在为词汇进行分类时，设立的标准越多，限制就越严格，符合标准的词语也就愈少。基本词汇的研究同样如此。我们可以转换一下思路：如果我们认为"基本词汇"的叫法需继续保留的话，似乎可以考虑将标准的数目减少，比如去掉"能产性"的标准，再将"全民性"改为"常用性"，将"稳固性"改为"稳定性"。首先，没有了"能产性"这一条，就避免了将语素误以为词，也就等于首先将基本词汇的问题置于词的范围内加以讨论了。其次，将"全民性"改为"常用性"就避免了"全民"数量上的纠缠，而更注重于词语使用上的常用度。最后，将"稳固性"改为"稳定性"，也就缩短了词语在共时平面上稳定出现的时限。赋予基本词汇以"常用性""稳定性"两个条件，也就将其与根词区别开来了，对"基本词汇"这一术语的继续存在也是很有裨益的。当然，还可有另一种考虑，即把"基本词汇"的名目取消，换之以"常用词汇"，"一般词汇"也予以取消，代之为"非常用词汇"。

第二节　词汇的非基本面貌

不属于语言词汇的基本方面的词语称为“非基本词”，又叫“一般词”。这部分词语在性质上应该是不大常用，也不十分稳定。与基本词一样，一般词也不是局限于词这一级单位，而且也包括了一些固定短语等单位。这些词语的总汇称作“一般词汇”，反映了词汇的非基本面貌。一般词汇的数量异常庞大和庞杂，常见的类别有外来词、方言词、新词语、古旧词语、术语或行业词语、隐语或黑话，等等。外来词、方言词、古旧词语、新词语等的分类是针对整个语言社会而言的，而术语或行业词语、隐语或黑话却是针对部分社会成员而言的，因此后几类词语也叫社会方言词。换个角度来看，外来词、方言词、术语或行业词语、隐语或黑话的研究是从范围的角度着眼的，而古旧词语、新词语的研究是从时间的角度着眼的。

一、外来词

汉语的外来词，指汉语中用汉字拟写外语词的语音形式而造出的词语。外来词是就一种语言中渗入的另一种语言的词汇而言的。一种语言只要不是封闭的，与其他语言有所交流，就不可避免地存在着外来词。因为它们是从别的语言“借”入的，一些学者也称外来词为“借词”。虽然被称作“词”，但外来词也包括“词”以外的单位。外来词进入汉语主要是两个时期①，一是上古末期至中古时期，随着佛教

①　这里强调的“主要”为两个时期，事实上汉语使用人口众多，而且人口分布地域辽阔，它与其他语言的接触，从未停止过。

文化的传入，西域诸语言尤其是梵语的外来词进入汉语；二是近现代时期，随着西学东渐，英语、日语、俄语等东西方语言的外来词进入汉语。

汉语中来自其他境外语言的外来词多如牛毛，如来自梵语的“塔、般若、刹那、袈裟、醍醐、世界、正果、转世”，来自日语的“取缔、临床、手续、写真、革命、教育、规范”，来自英语的“坦克、基因、克隆、盘尼西林、马拉松、麦克风”。除此而外，汉语中也有不少来自境内少数民族语言的外来词，如来自藏语的“扎西德勒、糌粑、布扎”，来自蒙古语的“敖包、站、胡同”，来自满语的“萨其马”，来自维吾尔语的“热瓦甫”。

从外来词创制的结构角度来看，汉语中的外来词可以分为全音译外来词、半音译外来词和字母词三类。

（一）全音译外来词

有一些汉语外来词的音节形式全都是对外语词的音译，这样的外来词可称为全音译外来词，又叫全外来词。历史上汉语从西域借进的外语词，有不少就是这种全音译型的外来词，如“阿罗汉（arhat）、浮屠（buddha）”。晚近以来，汉语从西方语言借进的词也有相当一部分是全音译型的外来词，如“坦克”译自英语 tank，“芭蕾”译自法语的 ballet。也有一些是来自日语和韩语的，从日语、韩语借入的全音译外来词主要是专有名词，如来自日语的“柯达、尼桑”，来自韩语的“三星”。全音译型的外来词，有的是词的两部分来源不同的，如“闪卡”的“闪”来自英语的 flash，“卡”来自英语的 card，再由译者组合而成，这类全音译外来词，可称为合成外来词。类似的例子还有“扎啤”。

（二）半音译外来词

半音译型的外来词，又称半外来词。例如“魔鬼”，梵语为Māra，开始被译为“磨罗”，简称为“磨”，后来改为“魔”，并与中国原有的词“鬼”连用，于是就有了“魔鬼”一词。这类词还有“佛家、禅师、佛典”等。半音译型外来词又可分为不同的类别：一类是音译加附注型，一类是音译兼意译型，还有一类是半音译半意译型。第一类外来词中只有一部分是对外语词的音译，另一部分却不是对外语词的音译。例如，英语中jazz的汉译既可是“爵士”，又可是“爵士乐”。“爵士”就是对jazz的汉译，译作“爵士舞”则是音译之外又加上附注的形式。“芭蕾”和“芭蕾舞”同样是如此。这类外来词中有的是添附注、不添附注均可成词，如上述的情况皆是如此；而有的则只能在添附注的情况下才可成词，如“布达拉宫、卡车”。音译加附注型的外来词未必是对原词完整的音译，有可能只是部分的音译，如wechat译作“微信”，由音译“微”再添加“信”构成。第二类音译兼意译型的半外来词中，译写的汉字，除了要尽可能地接近外语词的语音，还要求尽可能地照顾其意义，如译自英语logic的“逻辑”，译自英语mango的“杧果”，译自英语bandage的“绷带”。第三类半音译半意译型的外来词语如美国的starbucks咖啡店译作“星巴克”，其中“星”是star的意译，而“巴克”则对应bucks，New Zealand译为“新西兰”，其中“新”是new的意译，而“西兰”则对应Zealand。其他的还有译自英语internet的“因特网”；译自英语milk shake的“奶昔”等。

另外，在人们的日常生活中，还经常能见到一些较为特殊的外来词现象。例如，有家练歌房取名“贝斯特”，即best的音译。这种外来词可称为拟外来词，其实是曲意造词。常见到的曲意造词是故意将外语的词用谐音汉字写出来，有时可以达到谐谑的效果。汉语中这样的例子不胜枚举，如“开路一马斯”，是用汉字翻译日语造成的，意为“走，回去”。

（三）字母词

字母词是用非汉语本有的材料记录的一类特殊的词汇。改革开放后成批涌入汉语并最终得到汉语绝大多数使用者认可，《现汉》将“三K党、卡拉OK”等收入为条，表示字母词、半字母词[①]已获认可。例如，“卡拉OK”的外语词为karaoke，先被引进日语作“カラオケ”，后才引进汉语作“卡拉OK”。字母词、半字母词并非改革开放后才进入汉语的，如第一次国内革命战争时期的一个词“AB团”（AB是Anti-Bolshevik的缩写）就是。当一个社会尚处于闭塞或半闭塞的状态下时，字母词很难产生出来，可能会有字母词、半字母词偶现，却尚未形成字母词、半字母词成批涌现的条件。例如，在20世纪中叶，英语的DDT（Dichloro Diphenyl Trichloroethane）被汉语引入并转写为“滴滴涕”，而没有照搬地写作字母词DDT。又如，DDVP（Dimethyl Dichloro Vinyl Phosphate）被汉语引入并转写为“敌敌畏”，而没有照搬地写成字母词DDVP。再如，T.N.T（trinitrotoluene）被汉语引入并转写成“梯恩梯”，也没有照搬地写作字母词T.N.T或TNT。改革开放之初，先有半字母词如“卡拉OK”，后才有DVD、MTV之类全字母词的出现。字母词是西文的缩略形式，这种缩略形式虽有易于通信的优点，却不像汉语的缩略词语那样具有可辨识性。一些西文的字母词，恐怕以该语言为母语的人也不易快速地辨认得出来。例如，TCM是Traditional Chinese Medicine的缩略形式，是“传统中国医学”的意思，TDM是Traditional Deutsche Medicine的缩略形式，是“传统德国医学”的意思。在谈到字母词和外来词的关系时需要注意以下三点：一是全字母词中有不少是国际通用词，不能算作汉语的外来词，如

---

① 半字母词多数是由一半西文字母、一半有义汉字构成的，如“B超、AA制、T恤衫、X射线”，但也有少数是由一半西文字母、一半无义或弃义汉字构成的，如“IC卡、维B”。

CT、DNA、DVD、MBA、SOS、UFO、VCD、WTO以及近年来流行的APP；二是中国人用西文字母所造的字母词，不能视为外来词，因为它们是我们自造的，并非外来的，如HSK（汉语水平考试）、RMB（人民币）；三是网络中为了经济和简便，也出现了如GG（哥哥）、MM（妹妹）、YYDS（永远的神）之类的带有字母的词语，当然不能算什么外来词，甚至连是否具有全民性也存在问题。

另外，也有类似字母词的现象。例如“MP3”，说它是半字母词、全字母词似乎都可以。说它是半字母词，是因为它确实只有“MP”是字母，“3”不是字母；说它是全字母词，是因为不光“MP”是舶来的，“3”也并非土产。现在的问题是，“MP3”这个词中国人的读音与其他民族的人们的读音或有不同，“MP3”因而可以视作词形上的通用词，语言上的各自不同的词。

二、方言词

方言，是相对于共同语而言的。方言词一般是指地域方言词，指语言在地域上分布所形成的词语现象。后来人们也借用“方言词”来指称语言因社会因素所形成的词语现象，即所谓的“社会方言词”。不过，方言词前如果不加修饰限定成分，它仍是指前者，反映的是一种语言的词语在地域上的分布情况。

学界所讨论的方言词大致指以下三种：一是指原本属于某一个地域方言，而今早已融入共同语的方言词，如来自吴方言的“齷齪”、来自天津话的“哏”、来自西南官话的“晓得”、来自东北话的“胡子”（强盗义）；二是指刚进入共同语不久仍带有较为浓重的方言印迹的方言词，如广州话的“埋单、水客、生猛”，来自闽南话的“打拼、一头雾水”，来自上海话的“瘪三、打烊、噱头、煞有介事”，来自东北话的“埋汰、唠嗑”；三是指仍然仅属于某一方言而未为共同语吸收的方言词，如北京话的“歇菜、哈喇子（口水）、犄角旮旯”，天津话的“地起（从……开始）、发小、褶哩、二来来”，粤方言的“肚痾（拉肚子）、冥锵（冥钞）、乌糟（肮脏）、衰人（坏人）”，闽南话的“卵葩”（睾丸），重庆话的“棒棒”。方言词所谈的不应是第一类，因为它们早已融入普通话，不再是方言词了；方言词也不应该是第三类，因为它们属于方言系统而不属于共同语的系统。共同语中所谈的方言词，只能是第二类，即已经进入共同语，且还保有方言色彩的词语。需要注意的是，经常性地在某一个方言中出现的词语，是否已经不在共同语中使用，即是否已经成了方言词，是需要慎重对待的。例如，粤方言中的“得闲”（有空），本是古代汉语中较为常用的词，虽然普通话的口语中已不常用，但偶尔还在书面语中出现，因此还不能看作是粤方言词。

各方言也可能存在一些称作“社区词”的词汇现象。这些社区词是该方言区的人所造的，也主要在该方言区范围内流通，但又是其他方言区的人所能听懂而不常使用的（田小琳，2006）。社区词常常是政治影响方言产生的，应视为地缘政治学的产物。例如，二十世纪三四十年代汉语因日本帝国主义侵略而分为沦陷区、国统区和解放区，它们各有一些在该区域内流通的“社区词语”，如沦陷区的“大扫荡”、国统区的“锄奸行动”、解放区的“大生产运动”。社会环境不同也会导致社区词语的产生，如台湾有“存证信函”一词，这是台湾邮电业的一项业务，即寄信人将信函交付给邮局，邮局将信函的正本寄给收信人而将信函的副本保存起来，以防收信人收到信而谎称未收到信，大陆普通话里没有相应的词语。不同的地域因政治等原因，时间一久就会有众多的社区词语出现，因而会造成不同地域的同一民族的人们交际交流的困难。《新编》收有一些台湾地区的社区词语，它们对于大陆的人们来说就是较为特殊的词语。例如：

国事犯　　报岁兰　　执行长　　建教合作　学贯天人

报值挂号　执行委员　国民小学　国民中学　户政事务所

小人穷斯滥

社区词语不被共同语或其他社区所用，因此共同语或者其他社区会造出另外的说法或干脆直接借用，如台湾地区有“复健”，普通话里没有相应的词，而只能说成“为病后身体恢复而进行锻炼”，而台湾地区的“悲情”，大陆亦无相对应的词，便将其借用过来。这种个别社区的区域词语为主流社区借用过来的情形并不鲜见，如“职场”就是由台港澳地区借入普通话的。属于同一种语言的不同的社区词，是比较容易相互流通的，如台湾地区的“飙升、加持”早些年已为大陆所习用，而“愿景、体认”等随着中国国民党原主席连战 2005 年访问大陆而在大陆迅速使用开来。

三、社会方言词

一些词语，因为它们只为社会上的某一部分人所知所用，而不为全民所知所用，仿照“方言”的说法，认定其具有“社会方言”的性质，这些词语就被称作“社会方言词”。社会方言词可以分出很多类别，诸如行业词语和术语、隐语和黑话，以及社会上的人因性别、年龄、职业、文化等的不同所用的异于他人的词语，就都属社会方言词。

（一）行业词语

社会生产力发展到一定的高度，社会分工愈来愈细，各行各业纷纷涌现，每个行业都拥有一些本行业内部常用的词语。这些词语，有些是其他业界已知的或希望其他业界知晓的，有些却未必是其他业界已知的或不希望其他业界知晓的。行业词语也不是现代才出现的。拿法律术语来说，现代有“蹲守、排查、死缓、监外执行”，古代有“捕快、凌迟、廷杖、画影图形”。它们是分属于古今不同时代的行业词语。当然，现代的社会分工比古代更细，因此，现代汉语中的行业词语更反映出一定的复杂性。例如，教育界有“课件、在线课堂、远程教育、教学方案”等，医学界有“化疗、血小板、活体组织、临终关怀”等，司法界有“草案、调解、诉讼时效、死刑复核权”等，曲艺界有“倒嗓、刀马旦、柳活、花衫行当”等，经济学界有“货币联盟、纳什均衡、外汇、显性成本”等，计算机互联行业有“下载、内存、硬盘、重启”等，农业有“滴灌、反季节蔬果、灌浆、农家肥、秋收”等，数学界有“幂、方程式、拓扑、系数”等，电影界有“画外音、蒙太奇、银幕、配音”等，物理学界有“原子核、放射性、阴极射线、微观粒子”等。行业词语因行业范围的大小还可做进一步的细分，如体育界中的足球界有“鱼跃扑球、点球、外围传中、交叉换位、区域防守”等，排球界有“背飞、二传、探头、过网击球”等，乒乓球界有“上旋、长球、交叉步、发短球”等。不难看出行业词语的复杂性。

不少行业词语随着使用频率的提升和使用者的逐渐增多，会渐次融入共同语。上面列出的各个行业的词语，有的使用范围已不局限于该行业内部，而开始为行业外的不少人所知所用，也就是说它们正逐步走进共同语的行列。行业词语是否已转变为共同语中的词语，不应以它们是否已为词典收入为标准。如随着足球、排球、乒乓球等球类运动的普及，球类运动的不少专门词语早已为大众耳熟能详，但却因词典收条的滞后性而未及时为之所收取，如足球专门词语“角球”、乒乓球专门词语“擦边球”一直到 2011 年《现汉》（第 5 版）才被收入，而乒乓球专门词语“擦网”至 2016 年《现汉》（第 7 版）也未见收录，但这不应成为我们认定它们已具有共同语词语性质的障碍。

（二）术语

宽泛一点儿讲，术语也属于行业词语，是行业词语的一部分。任何一个行当都可能产生出自己特有的词语，术语与其他类别的词汇相比，很明显的相异之处就是术语反映的都是科学概念，因而都有较为精确的内涵。例如，“撂地”是相声界的行业词语，源于摆地摊时的说唱艺术。而解释术语就必须进行科学的定义式的说明。例如气象学上的术语“小雪”是指下雪时水平能见距离等于或大于1000米，地面积雪深度在3厘米以下，24小时降雪量在0.1~2.4毫米之间的雪；“中雪”是指下雪时水平能见距离在500~1000米之间，地面积雪深度为3~5厘米，24小时降雪量达2.5~4.9毫米的雪；“大雪”是指下雪时能见度很差，水平能见距离小于500米，地面积雪深度等于或大于5厘米，24小时降雪量达5.0~9.9毫米的雪。中国古代很少有像近代工业革命以来这种严格意义上的科学，因此古代汉语中也就很少有严格意义上的术语。汉语术语是近代以来伴随着西方文明进入才逐渐产生的，其中相当一部分是受西语、日语影响而产生的，或直接将西语、日语中的词翻译进汉语的，前者如“烷烃、烃基、拓扑”，后者如“神经、情报、事故”。而今的中国已经成长为一个具有世界影响力的大国，各个科学领域都有中国的声音发出，现代汉语中的术语也就遍布各个科学领域，如飞机制造业的“失速”、电子业的“射频”、医学界的“跖侧”、军事领域的“跨沟半径”、语言学界的“黏着语”。

随着科学技术的普及，一些自然科学领域的专门术语，也已广为人知。这些术语会随着大众的熟知常用而逐渐淡化掉本身所具的术语性，向普通词语过渡和转化。一个术语一旦转化为普通词语，其本身所有的术语义就转化为非术语义，即普通义。例如，“B超”本是医学领域的一个术语，现已为绝大多数人所知所用，其本身所具的术语义在被非专业人士所理解、所使用时正逐渐淡去，继而转化为非术语义。

术语使用既久，也存在着简缩使用的问题，如“心肌梗死”在医学界被略作“心梗”，但这样做一般不会影响它的科学性。

（三）隐语

隐语是一些特殊的人在特殊的时代、特殊的人群中所用的有特殊效用的词语。为了避免局外人了解其活动的内容，话不直言而曲说，在语言交际上形成只有他们内部懂得而局外人不懂的一种语言表述法。隐语的这一性质恰恰与语言的普通词语的性质相反：普通词语是要让尽可能多的人知晓并使用它们，而隐语却是尽量只为某一个小圈子中的人所知所用，同时不为社会大众所共同理解和明晓。

汉语中的隐语很早就有了。一般来说，从横的历史角度来看，隐语在同时代的人之间使用得较多，因为同时代的人利益相关。但是从纵的历史角度来看，隐语在不同时代也有表现，常常是后代的人担心前代某个隐语的意思已为人知，不再将其作为隐语，遂改用另外的说法——新的隐语。例如，有学者做过如下研究：“一、二、三、四、五、六、七、八、九、十”在不同时期有不同的隐语形式，宋代商人分别用“丁不勾、示不小、五不直、罪不非、吾不口、交不叉、皂不白、分不刀、馗不首、针不金”来表示，明代商人用“忆多娇、耳边风、散秋香、思故乡、误佳期、柳金娘、砌花台、霸陵桥、救情郎、舍利子”来表示，清代商人用“平头、空工、横川、睡目、缺丑、断大、半皂、分首、残丸、田心”来表示。隐语，既然其目的是“隐”，同一事物对象在不同地域的人们的口中说来自会不一样，人们不但不会规范使之同，更会想方设法使之异。例如，同是从“一”到“十”的数字，20 世纪 40 年代初在宁波药材行说成“学、兄、项、孝、办、查、黑、茂、弯、叔”，在宁波的水产业则又说成“挖、竺、春、罗、语、交、化、分、旭、田”。隐语在一些特殊的行业中得到更多的使用。例如，老北京的当铺有一套隐语：袍子叫“披风”，马夹叫“穿心”，裤子叫“叉开”，狐皮、貂皮大衣叫“大毛”，羊皮叫“小毛”，长衫叫“幌子”，鞋叫“踢土”，帽子叫“遮头”，戒指叫“圈指”，耳环叫“垂耳”，银子叫“软货龙”，金子叫“硬货龙”，古画叫“彩排子”，古书叫“黑牌子”。隐语在特殊年代、特殊行业流行，而在普通年代、普通行业中也偶可一见。例如，戏剧界把观众因不满意演出等原因提前退场称为“抽签”。之所以不称“提前退场”而用隐语“抽签”，除有给演员、戏班和剧场留面子的考虑，也含有戏谑的意味。

（四）黑话

黑话也属于隐语，是隐语的一部分。黑话，因其常为黑社会等利益集团服务，遂被人们从普通的隐语中剥离出来。黑话多为帮会、流氓、盗匪使用，在特殊的年代里常出现在土匪等黑道人物嘴里，目的就是要让局外人不明就里，不明白其意义所指，而只让有必要明白其意义的人明白。例如 2010 年 7 月 22 日中国新闻网刊登一篇题为《抗日名将刘桂五曾参与西安事变 蒋介石为其写挽联》的文章，说：“当年追随白凤翔时，刘桂五学到一手‘掏老窑’的好身手。”又解释道：“所谓‘掏老窑’，是东北绿林土话，就是绑票。”该文又道：“此次会面仅半个小时，刘桂五就将蒋本人居住环境及警卫情况熟记于心，用东北绿林土话此称‘踩盘子’。”所谓“踩盘子”就是探路的意思。有一些隐语已失去隐秘性，并能满足全民的交际需要，被全民性词汇吸收了，如“挂彩”原指土匪受伤，而现在指作战负伤流血，“踩点”（或“踩盘子”），原指事先侦知要打劫的对象的情况以及打劫的路线等，现也已可指为一些正当的工作去探路等。

四、古旧词语

古旧词语包括古词语、文言词语、旧词语；也有人认为还应包括历史词语。

古词语并不能简单地理解成古代的词语；因为“古代的词语”这一说法本身至少有两个意义：一是古代产生出来且仅通行于古代某个时期的词语；二是古代产生出来并一直沿用下来的词语。这里所谈的古词语是产生、流行于古代的书面语或口语而只在现代书面语中沿用下来的词语。古词语所反映的客观对象在现代仍然存在，只不过古词语和现代词语在使用上有一些不同：古词语只用于现代书面语中，现代词语既可用于口语也可用于书面语。古词语，由于产生于古代并流行于古代，在现代只用于书面语，与现代产生的词语（尤其是与古代指同一客观对象的词语）相比，具有古旧的时代色彩，如“倏忽、俄顷、庶几、绕指柔、杵臼交、家天下、杜鹃啼血、投鞭断流、五十步笑百步、位卑未敢忘忧国”。

文言词语与古词语比较接近。二者都产生于古代，沿用至今也都仅出现于现代的书面语中，但是文言词语仅产生于、流行于古代的书面语，如“须臾、滥觞、诞辰、干谒”；而古词语可以是产生于古代书面语的，也可以是产生于古代口语的，如“恁地、怎生”。这样看来，文言词语只是古语词中产生于古代书面语，并在现代书面语中使用的那一部分，“文言词语”的名称是与它们经常出现的文体息息相关的，“古词语”的名称则更强调它们产生的时代性。

与文言词语、古词语比较接近的是历史词语。历史词语也是产生并流行于古代的词语，与前两者不同的是，要么其所反映的客观对象现代已不复存在，该词语也已随之消亡，要么其所反映的客观对象现代已由另一词语来表达，原来的词语也已退出历史舞台。无论是上述哪种情况，历史词语都是仅存于古代而不在现代正常的交际中出现的词语，可称之为“化石词语”。例如，唐代有“行货”一词，据陆宗达在《训诂简论》中的考证，古“行”字训“通行大路”，引申为“普通”之义。现代人们常挂在嘴边的词“行货”，即是“大路货”的意思。又如，“玉牒（皇家的族谱）、补子（封建时代官服上表示官阶的布饰）、水法（人造喷泉）、点主（人死后，用鸡血在该人的牌位上点的仪式）”，就都属于历史词语。

旧词语是今天在世的人们历史上曾经使用过而今早已不用，但见到这些词语仍会给人带来沧桑感的词语。旧词语所反映的往往是旧的事物对象、旧的观念等。例如，今天的“司机”旧时称“车夫”，今天的“厨师”旧时称“厨子”。“车夫”不仅指机动车的驾驶员，它还用来指“人力车夫”，而“厨子”则不像“厨师”那样带有尊重的态度色彩。旧词语往往是前不久风行过的那部分词语，现在早已不用，一旦有人用到，便引人遐思，使人产生强烈的怀旧情绪。

五、新词语

要回答“什么样的词语属于新词语”这个问题，并不简单。对新出现的事物对象加以反映的词语，无疑是新词语，如“双减、双碳、脱贫攻坚”等。这类词语毋庸置疑是新词语的主体。另外，在新词语的问题上还有一些有待探究的问题，比如复苏词语是不是新词语，旧词新义属于新义还是属于新词语，都有学者在研究。有一点可以肯定的是，这两类即使可以纳入新词语研究的范畴，它们也绝非新词语的主流现象。

新词语从本质上说是一种过渡性词语，每个时代也都有各自时代的新词语。一般人认定的新词语和绝大多数新词语类的工具书所收入的条目都是已在社会上流行了一段时间，还没有成为语言词汇的稳定单位的那一部分。其实，如果不加限定，所谓新词语就是区别于已有词语的一个概念。这所谓“区别于已有词语”，可以是就语言社会已有的词汇系统而言的，也可以是就某个人或某部工具书来说的。就语言社会已有的词汇系统而言，新词语就是刚刚生出或刚开始使用的词语；而就某个人或某部工具书来说，新词语可能是早已出现在语言词汇系统中的词语，只不过它是在不久前刚刚为某个人所知所用或刚为某部工具书所收录。无论属于上述哪种情况，新词语的判定应有两个参照点，一是它的出现时间，二是它与已有词语的区别。从第一个角度看，所有刚刚出现的词语，只要它不是非词汇性的成分或纯粹个人性的成分，就都是新词语。收取它们的工具书不能以它们可能是“言语的单位”或“不稳定的单位”等理由加以排拒。稍纵即逝的词语也同样是词语，从研究的角度看，它们并不比词汇系统中已有的词语和稳定性强的词语的价值低。正是因为如此，像“A4腰、表情包、蹭热度、电诈、粉圈、二次元经济、工匠精神、猴赛雷、迷弟、暖评、区块链、甩锅、网权、校园贷、蚁房、种草”等，这些出现于2016年的新词语才被收入年度新词语词典《2016汉语新词语》。从第二个角度看，就涉及词语在使用者心中的新鲜度的问题了。一旦一个词语在绝大多数使用者的心目中还有新鲜感，那它就还是新词语；一旦一个词语在绝大多数使用者的心目中丧失了新鲜感，那它就不再是新词语了。词语的新鲜感是有时间性的。一般来说，社会发展越快，新词语产生得越多，新与旧的更替率就越高，新词语新鲜度消释得也就越快；与之相反，社会发展越慢，新词语产生得越少，新与旧的更替率就越低，新词语新鲜度消释得也就越慢。社会健全与否对新词语的产生、发展影响很大。一个政治畸形的社会，与一个正常的社会相比，变化不好说不快，其新词语的产生同样是很多的。但是政治畸形的社会所产生出来的新词语多偏于政治性，很难有正常社会的全面发展的新词语现象产生。当社会走在正常的轨道上的时候，新词语既是全方位的，变化和更新的速度也是较快的，这些新词新义稳定下来也被收入规范型语文词典中，比如《现汉》为了及时反映词汇系统的变化，增收的新词语可谓是全方位的，包括多个方面的内容。据江蓝生（2012）介绍，经济领域的新词语有“产业链、负资产、后工业化、环比、民营企业”等，与股票交易活动有关的术语有“爆仓、挂单、老鼠仓、期权、权证、权重股、升水、私募、托收”等近20条新词，社会建设和管理方面新词语有“非政府组织、民调、述廉、维稳、调峰、调节税、医保、医改、征信”等，环保方面新词语有“厨余垃圾、低碳、地沟油、光伏效应、减耗、减排、垃圾食品、碳汇、碳源”等，计算机与互联网方面新词语有“播客、博客、菜鸟、晒客、闪客、炫客、超媒体、电子政务、内联网、物联网、网瘾、微博、云计算”等。与群众日常生活相关的新词语也有很多，如与住房相关的有“房卡、群租、廉租房、两限房”等，与交通出行有关的有“摆渡车、接驳、动车、屏蔽门、高铁、减速带、劝睡区、空中管制、概念车、代驾、酒驾、醉驾”等。很多新词语反映了时下某些社会群体新的生活方式，如“扫货、拼车、团购、网购、美甲、茶叙、自助游、背包客”等。源自西方的“父亲节、母亲节、感恩节、情人节”等词语也被收入《现汉》，反映了中西文化的交流与融合。“洋插队、落地签证、申根协定”等条目是众多国民走出国门的写照（江蓝生，2012）。另外，新词语类的工具书的出版也呈现出繁荣的景象。

谈新词语必须要有时限的概念，在列出新词语的用例时，似乎也应把时限同时列出，如20世纪30年代的“新生活运动、攘外必先安内”，40年代的“解放军、划江而治”，50年代的“镇反、人民公社”。60年代随着中共中央的红头文件经常性向大众传达，“毛主席已圈阅”成为家喻户晓的一个说法，其中的“圈阅”也为大众所熟知。60年代的新词语还有“红宝书、赤脚医生、知识青年”。70年代的新词语“工农兵学员、乒乓外交”，80年代的新词语“万元户、三资企业”，90年代的新词语“特首、长二捆火箭”，21世纪以来的新词语“微博、裸考、云计算、啃老族、两个务必、一带一路”。超出一定时限的词语不能再算作新词语，如到了21世纪研究汉语新词语时，就不能把上个世纪七八十年代以前的词语视作新词语。出现在语言生活中的词语如果已有二三十年的历史，其新的色彩已经淡化；而一个词语出现在语言生活中已有半个世纪甚至更长的时间，它不但不再是新词语，有些干脆成了旧词语。关于新词语的时限，不同的人有不同的看法。有人给出25年，也有人给出20年，甚至15年，这都有各自的理由和依据。需要指出的是，随着时代的飞速发展和通信技术的极大改善，新词语的更新速度也在不断变化。20世纪中叶，一个词语创造出来后，要经过很长一段时间才能为广大群众所了解、掌握。这是因为当时只有报纸等平面媒体，信息不发达，受众接受新词语的速度非常缓慢。而到了21世纪，互联网上博客、微博、微信等传播形式空前发达，信息传播的速度用一日千里来称说已远远不够。一个词语一经创造出来，很可能顷刻之间便广为人知，因此21世纪新词语“新”的时限已比20世纪大大缩短了。

新词语并不等同于流行词语。新词语很可能是稍纵即逝的词语，或者只为少部分人所知所用的词语（如一些网络词语）。流行词语也未必就是新词语，它们也有可能是早已出现于我们的词汇系统中的词语，只不过因为某种需要重新流行开来，成为时髦，如2020年流行的“后浪”一词。还有一种可能，一些词语造出后瞬间走红，它们就既是新词语又属于流行词语。由于新词语与流行词语存在着一些复杂的纠葛，我们在研究或使用时要注意将两者严格区别开来。新词语当然更不能与网络词语混为一谈。新词语强调的是它们的“新”的时间性，而网络词语更强调的是它们的创作者和流通域。例如“菜鸟、斑竹、恐龙、蓝瘦、YYDS”，就是由网民根据已有词语改造或新创而后在网络上使用开来的网络词语。

第三节　词语雅俗、古今、方普、中外等的对照

一、词语的雅俗对照

词语有雅俗之别，古代的语言文字学者已经注意到了这一点。例如，清·易本烺在《常谭搜》把所收的词语单位分为雅类和俗类。古代沿用下来的雅词语如“鄙吝、猝尔、沉湎、翳翳、旖旎”，俗词语如“拉杂”；大概在近现代才产生出来的雅词语如“律动、图阅”，俗词语如“抓瞎、一溜烟、节骨眼儿”。《现汉》中，雅词语往往标以“〈书〉”符，俗词语常常标以“〈口〉”符。雅词语之所以雅，在很大程度上是由于其构成成分是雅的。例如，“弭”在《现汉》中有两个义项，第一个义项是“平息；消灭”，第二个义项是姓。由“弭”构成的“弭谤、弭兵、弭除、弭患、弭乱”所采用的都是“弭”字的第一个义项的意义，这五个词都被标以“〈书〉”符，是雅词语。现代汉语由于俗文化的影响，雅词语产生得不多，而俗词语则如雨后春笋般涌现出来，如“大奔”指加长的奔驰牌轿车，“大飞”指大型摩托飞艇。现代汉语中之所以会有雅词语和俗词语的区分，关键在于古代的字有雅俗之分。古代的雅字（如“飏、昉、肱、灏”），凡被收入《现汉》者，一般都被标以“〈书〉”符。

词有雅俗之别，熟语也是如此。这是语言自书面语产生以来所出现的自然分化，也是词汇的一种现实状貌。词有书面语性的，如“金乌、丽日、旅次、溟蒙”，也有口语性的，如“毛腰、腻味、拿架子、蔫不唧”，熟语自然也存在着书面语和口语之分。具体而言，成语是书面性的，歇后语、惯用语是口语性的，谚语则兼具书面语和口语两重性质。成语的字和结构是古雅的，如“罄竹难书、赴汤蹈火、窈窕

淑女”。成语之所以是书面性的，与其构成的成分有极大的关系，成语的结构中常会含有一些古朴、典雅的成分，如“元恶大慈”中的“慈”，“辙乱旗靡”中的“靡”，“如埙如篪”中的“埙、篪”，“蒙袂辑屦”中的“袂、屦”，“革故鼎新”中的“革、故、鼎”，“萧敷艾荣”中的“萧、敷、艾、荣”。从目前流传下来的成语看，俗字是绝对不会用于构造成语的，如“过（guo）、了（le）、呢（ne）、屎”这类俗字就很少用作成语的构成成分。成语中古朴、典雅的成分被古人创造出来时未必就是“文言”的，它们中的一些很可能就是当时的口语成分。只不过由于时代久远，古代的口语成分在后人心目中成了文言的成分。正因为如此，成语和谚语等其他类熟语有时会存在着难辨易混的情况。一方面，有的书面性的谚语有时候会被认为是成语，如古时的鄙谚“辅车相依，唇亡齿寒”“皮之不存，毛将安傅”等被同时收进《中华古谚语大辞典》和《中国成语大辞典》；另一方面，从古今词语发展的角度来看，相当数量的成语历史上本就是谚语，流传至今的一些成语正是由古谚转化来的，如成语“投鼠忌器”源自谚语“欲投鼠而忌器”，成语“唇亡齿寒”来自谚语“辅车相依，唇亡齿寒”，成语“亡羊补牢”源自古谚“见兔而顾犬，未为晚也；亡羊而补牢，未为迟也”。

现代汉语中，表达同一语义的词语有雅有俗，人们在语言交际活动中根据语境的需要选择或雅或俗的词语，从而达到说和听双方在交际意图上的相互配合。某本为外国留学生撰写的汉语教材中就谈到了词语的雅俗，其中举了两个比较经典的例子：“因小失大”和“捡了芝麻，丢了西瓜”、“画蛇添足”和“脱了裤子放屁”（蔡永强，2011：79–82）。这两组虽然分别表达了同一个意思，但雅俗风格迥异。因此，在日常生活交际中，我们可以根据词语的雅俗选择合适的词语。

二、词语的古今对照

作为交际交流工具，语言充满了活力。词汇的发展、变化是每时每刻都在发生的，因为它们时刻追踪着社会每一点每一滴的变化，并全面而及时地加以反映。很多词语从古代发展到今天，意义都发生了变化，这很好理解。当人们从时间的角度远距离地观察时，会对词汇的历时发展变化有更真切的感受。例如，"盗窃"中的"盗"是偷而不是抢，"走狗"这个词中的"走"是跑而不是行，这些词语都保留了古义。至于现代汉语成语中保留的古义就更多了，如"赴汤蹈火"中的"汤"是"热水"的意思，"短兵相接"的"兵"指武器，"十年树木，百年树人"中的"树"是种植（后来"树人"的"树"引申为培养），"木"才是树木。再如，同样是表示地球绕太阳一周的时间单位，从唐尧虞舜时期到夏商周时期，说法就不同，《尔雅·释天》载："夏曰'岁'，商曰'祀'，周曰'年'，唐虞曰'载'。"同一事物对象在同一种语言的不同时期存在多种不同的说法，这是可以理解的；如果发展到一定阶段还保存有意义完全一致的多种说法，就会造成语言交际的混乱。因此，词语在发展的过程中意义分化，这是词汇发展的必然，如以上在各个朝代表示同一概念的"岁、祀、年、载"四个词，在今天意义早已发生了变化，有了不同的所指。同一对象在各个朝代不同的说法如果全部保留到今天，可能会给语言带来不小的冗余度，这就需要语言启动它存优汰劣的机制。一些古代的词语，只有个别有代表性的被保留了下来，其他的则被淘汰掉，如"状元、榜眼、探花"只保留了"状元"一词（如"高考状元"），当然意义与所指都发生了些微变化。我们不但要正确地理解和使用现代汉语的词汇，而且要吸取古代汉语中有生命力的词语以丰富现代汉语词汇系统。在这方面，毛主席和鲁迅的一些经典作品为我们提供了很好的范例。毛主席在《抗日时期的经济问题和财政问题》一文中说："如果不发展人民经济和公营经济，我们就只有束手待毙。"用"束手待毙"来形容坐等失败。2018年7月10日，习近平在中阿合作论坛第八届部长级会议开幕式上的讲话中说："中国古人讲，'锲而不舍，金石可镂'。让我们发扬丝路精神，一步一个脚印朝着目标前行，为实现中阿两大民族伟大复兴、推动建设中阿利益和命运共同体而不懈努力。""锲而不舍，金石可镂"比喻做任何事情都需要坚持不懈地努力，有恒心，有毅力，才能把事情做成功。这里运用文言词语，表达得非常形象、生动。我们每个人在掌握古代汉语词汇的基础上，也都可以吸取其中有生命力的词语，用来丰富自己的语汇，提高自己的语言表达能力。当然，这要使用得恰当。如果是为了炫耀自己的博学而滥用古代汉语中的词语，或者自己本来不甚了了就随便乱用，那样效果就适得其反了。

汉语词汇在数千年历史中的发展变化是非常显著的。有人说，汉语词汇在最近数百年间的最大变化是由单音词发展为双音词。其实汉语词汇的双音化运动很早就发端了，而且这一运动今天仍在继续。例如，我们谈到一些单字的机关团体名称时常会为之加上一个"里"字以造成双字结构，如"村里、乡里、县里、市里、省里、系里、厂里、街里、团里、军里"。发展至今的汉语词汇，有两个显著特征：一个是重偶不重奇，所以才会有双字格词和四字格成语等大量产生；另一个是用比兴手法造词，创制出美好而略带夸张意味的词语。无论词汇怎样发展变化，有一点是明确的：只要这种语言是有生机和活力的，被淘汰掉的词语的数量就远不及保留下来和新生词语的数量多。从古至今汉语词汇发展的态势是词语的总量一直在增加。

三、词语的方普对照

时有古今，地有南北。词汇的发展和变化，在时空上表现得尤其明显。词语的古今变化还表现在纯粹属于某个方言的方言词，其中有的是直接由古代汉语发展而来的，如陕西等地的西北方言中的“乡党”（老乡、乡亲）就是直接由古代汉语发展而来的。而且有的方言词可在今天的某一地域使用，也可能在其他地区使用。有学者在论及澳门词汇时正确地指出，所谓“澳门特有”的，有部分可能在香港或邻近珠江三角洲，正如某地方的特产，不一定是这个地方专有，但肯定与这个地方有特别深厚的渊源（参看张卓夫，2001）。纯属于方言的词，大致有三种情况。第一，词形在各方言区都有，所指却不同。例如“包子”，在普通话里是指蒸熟的带馅面食，在蓟县话里指馒头（普通话的“包子”义，蓟县话用“馅包子”指称）。又如“馒头”，普通话里指蒸熟的无馅发面食品，上海话叫它“白馒头”（只要是发面的面食，无论有馅无馅上海话都叫“馒头”）。第二，词形相同而意义多寡不一的情形，如“驾驶”在大陆就是动词，义为“操纵（机车）使行驶”，而在台湾社区该词不仅有上述动词义，还有一名词义：“操纵（机车）使行驶的人”。第三，词形彼此不一，意思差异也很大，甚至只在某一处有表达某一意思，而别的地方则无表达同样意思的词。这种情况比较多。例如，走进杭州市的餐馆，常会在店堂里发现“自带食品谢绝堂食”的告示。“堂食”本不是普通话的词而是方言词，意思大概是“拿到店堂里食用”，普通话里没有表达同样意思的词。但在2020年至2023年新冠疫情期间，为了防止疫情传播，很多餐饮场所都采取限制同餐人数或取消堂食的措施，随着“堂食”的使用频率增加，这一词语也被人们熟知。

它们中的一些成员的变化和发展，也很有意思。例如，“阿姨”是来自吴语，早已成为普通话基本词汇的一员了。在上海话中，“阿姨”不但可指称非亲属的母辈人，也可用来称呼母亲的亲姐妹；这个词被普通话吸收后，却只能用来称非亲属的母辈人，称呼母亲的亲姐妹却要去掉词缀“阿”。且不说空间距离遥远的地区所使用的词汇可能在构词上存在着较大的差距，如普通话的“导弹、潜艇、塑料、轿车、软件、茶话会、原子弹、泥石流、核武器、宇宙飞船”在台湾地区会说成“飞弹、潜舰、塑胶、房车、软体、茶会、核子弹、土石流、核子武器、航天飞机”；即使是空间距离并不遥远的地区所使用的词汇，也可能存在着不小的差别，如普通话的“鸡蛋、馒头、自行车、柏油路”，冀东方言蓟县话要说成“白果、包子、洋车、油漆路”。

四、词语的中外对照

从古至今语言间的词汇交流交融一直在持续。汉语会从其他语言引入一些词语，而汉语中的词语也会进入其他语言，但外来词不见得都是直线引入或借出的，也可能经历了一个辗转的过程，如“瓦斯”是荷兰语的 gas 先传入日语，再传入汉语的，“三明治”则是从英语先进入汉语粤方言，再由粤方言进入普通话的。外来词还有一种情况是词语本身为甲语言所造，后被引入乙语言，在甲语言中消失一段时间后，最后再由乙语言回到甲语言中。这样的词有学者称之为“飞去来词”。例如，“料理”是日语的一个基本词，我们常说“日式料理”，所以一般人可能认为它是日本人创造出来的日语基本词。但是熟悉中国中古汉语文献的人，在《世说新语》等著作中发现“料理”出现多次，或许可以证明“料理”是首先由中国人创造出来，而后被借入到日语中，但后来该词从中国人眼中淡出，伴随着日本餐饮文化的传入，“料理”一词重新出现在现代汉语中，给人的感觉好像是从日语中借入的。有的外来词的来源很容易确定，比如“拷贝”来自英语的 copy，英语的 Kungfu 来自汉语的“功夫”。但也有一些词已不易说清它最初源自何种语言了，需要专家的考证才可，如英语中的 tofu，有些人竟然认为源自日语的“豆腐”，这就值得商榷。总之，外来词的引入或借出是一个非常复杂又十分有意思的词汇交流交融现象。

古代借进汉语的外来词有的表现为单音节形式的，如“佛、僧、尼、塔”；汉语中古以后尤其是近现代以来的词汇单位多为复字的，这个时期借进汉语的外来词也就多表现为多音节的，如“卡通、拷贝、护照、巧克力、凡士林、威士忌、高尔夫球、歇斯底里、布尔什维克、奥林匹克运动会”。但是，这并不意味着单音节外来词就消失了，如“酷”就是汉语借自英语 cool 的一个外来词。汉语中还有一些单音节外来词是通过简缩的方式造成的，分两种办法：一种办法是当外语词是多音节的，译成汉语时只取单音节，如英语的 ammonia，汉语只用一个汉字来对译 am 这个音节，就有了“氨”这个单音节的汉语外来词；另一种办法是当外语词是多音节的，汉语先依照外语词的音节数译为多音节外来词，然后将其简缩为单音节，如英语的 candela，汉语先译作“坎德拉”，再简称作单音节的“坎”。汉语单音节外来词在运用中常使用文字性的手段，以避免读者将其误会为非外来词。例如 2007 年 10 月 11 日《参考消息》第 12 版通栏标题为《切 · 格瓦拉逝世 40 周年纪念》，该版所登三篇文章的题目为《“切”不在街头，而在人们心里——走访古巴“切的城市”》《委内瑞拉：“切”的身影无处不在》《阿根廷：对“切”的争论仍在继续》。三篇文章中的“切”，都指古巴游击战英雄切 · 格瓦拉。如果这位英雄的名字不是单音的“切”而是复音字，就不必用双引号了。汉语将本来应该译作多字的外来词缩略成单字，目的是为了再用它构成双字词。例如，“模特”（英：model）略作“模”构成“嫩模、男模、女模”，“的士”（英：taxi）略作“的”构成“打的、的哥、的姐、飞的”，“咖啡”（英：coffee）略作“咖”构成“冰咖、奶咖”，“麦克风”（英：microphone）略作“麦”构成“耳麦、麦霸、连麦”。

外来词在翻译进汉语的过程中不可避免地会加进汉语的元素，让外来词符合汉语的文化心理。一些著名商品品牌进驻中国时在译名上也是花了一些心思的，它们中的相当一部分采用了音译兼意译的方式。例如，Uber（即时用车软件）译作“优步”，Ikea（家居品牌）译作“宜家”，Coca Cola（饮料）译作“可口可乐”，Carrefour（超市品牌）译作“家乐福”，Johnson（护肤品）译作“强生”。又如，White House其实就是“白色的房子”，但汉语却意译成了“白宫”。“宫”是皇权的象征，套在美国总统办公的处所上虽不伦不类，但在最高权力这一点上却很贴切。再如，关于Secretary of State一词的翻译，在美国、英国等国家都设有这一官职，汉语在翻译时却表现出不同，比如将英国这一官职意译成“国务大臣”，其他国家也有被意译为“国务部长”的，而“国务卿”一词只对美国，虽然它们的英文名都是Secretary of State，而唯独为了美国，汉语把Secretary of State意译成“国务卿”，或者说汉语独独为了反映美国的情况而造出来“国务卿”这样一个职官词。“国务卿”一词的创造，一方面说明美国这个国家在汉语造词者心目中的地位，另一方面也凸显出中国文化的痕迹——古代的公卿，地位是何等显赫。

音译外来词成为汉语词汇的成员，必然适应汉语词汇的规律。音译外来词适应汉语词汇的规律最突出的一点就是双音化。例如，New York借进汉语成为双音节的“纽约”，其中New音译作单音节的“纽”很好理解，而按理说，York译作双音节的“约克”更接近原语言的语音形式——英国的地名York汉语就译作“约克（郡）”可以为证，但是New York译作“纽约”，而没译作“纽约克”，还得从汉语词汇的双音化上做出解释。

“白宫”和“国务卿”本是我们用汉语材料创造的词，应属不折不扣的汉语词。但是由于它们是根据外语词翻译过来的，因而被人们称作意译词[①]。意译词在不少语言中都是存在的，例如，毛泽东有一个

① 意译词又称仿译词，其实更恰当的叫名应该是仿造词。现在多数学者已不认为意译词还有外来词的资格，但难以否认它们是根据外语原词的构成方式仿造出来的。因此，即使不把这所谓的“意译词”看作是外来词的一类，而将其看作是复合词，也须将这种复合词与普通的复合词区别开来。

著名的论断：美帝国主义及其一切反动派都是纸老虎。“纸老虎”很快在英语中出现，写作 paper tiger。反过来，英语中的一些词也会进入汉语，如 supermarket 被汉语仿造为“超市”，blackboard 被汉语仿造为“黑板”，football 被汉语仿造为“足球”，information superhighway 被汉语仿造为“信息高速公路”。近些年来出现的新词很快就出现了仿译的情况，如“会所”仿译自 club house，“黄页”仿译自 Yellow Pages，“热线”仿译自 hotline，“蓝牙”仿译自 Bluetooth。但是也要注意，不同的语言可能会存在造词时结构碰巧相似的情形。例如，“月光”是很早就出现于汉语中的一个词，如李白诗句“床前明月光，疑是地上霜”，在英语里 moonlight 也已有不短的历史了，我们也没有什么证据能证明早在公元八世纪汉语的“月光”就被西方语言（那个时候世界上还没有如今的英语，最多只能说古英语时期或盎格鲁 - 撒克逊时期）借了去，或西方语言类似 moonlight 的什么词被汉语借了来，这只能说是造词时的偶合。又如，汉语里的一句熟语“手拉手，心连心”，而英语中也有差不多的熟语单位“Hand in hand，heart to heart”。我们也很难说英语的熟语是借自汉语的或汉语的熟语是借自英语的。

与日语和韩语等语言相比，汉语更容易同化其他语言而不是为其他语言所同化，因此相当数量的外语词在刚刚进入汉语时采取的是音译词的形式，但是没过多久，即改换成汉语自造的形式，如大家常举的“德律风”后改换成“电话”的例子。但是，相反的例子亦有不少，如英语 carnation，汉语词为“香石竹”，译词是“康乃馨”，后者比前者更常用。也有外汉两类词并用的情况，如“奎宁”来自英语 quinine，也叫“金鸡纳霜”。当然这可视为有待规范的情况。

第七章　词汇规范与词典

第一节　共同语词汇与非共同语词汇的互动

汉民族共同语宽泛点来讲，就是我们常说的普通话，也被称为雅言、官话。“汉民族共同语是在一个方言的基础上形成的，所以我们断定汉民族共同语跟各地方言本是同源异流的关系，它们同是古代汉语发展的产物，它们的关系是兄弟姐妹的关系。”（詹伯慧，1997）。语言是民族的一个构成因素，汉民族是一个有悠久的历史的民族，在汉民族发展的历史长河中，由于不同时期的不同社会历史条件和人文地理条件，不同地方的人民所使用的语言自然会不断变化。在不同的时期有分化，也有统一，各种不同的地方方言正是在这分化与统一的过程中先后产生的，而各方言形成的时间有早有晚，距今 2000 多年的扬雄编著的《方言》一书已经反映了当时错综复杂的方言现象。在民族统一、国家统一的情况下，方言众多而又缺少统一民族共同语的局面毕竟不可以长久维持下去，一个全民共同使用的语言是有利于治国安邦和社会发展的。对于汉语来说，共同语则是以长期以来作为政治经济文化中心的北方方言为首选对象。北方方言也是方言，只不过在各方言中是最具影响力，通行范围最广的一种大方言罢了。一个方言要成为共同语当然还得有所加工，有所规范，而不可能把原汁原味的方言原封不动地拿来作为整个民族的共同语。另外，民族共同语与汉语方言关系密切，二者你中有我，我中有你，相互吸收、相互补充。民族共同语在发展的过程中，也要不断地从各方言中吸收一些有益的成分来充实、丰富和完善自己。方言词有极强的构词能力和丰富的表现力，它们对普通话词汇所起的作用不容低估。例如“看好”，意思是对某个人或者某件事抱有好的看法。它来源于粤语中的“睇好”，“睇”和“看”其实是一个意思。这样的词吸收进来是对共同语的有益补充。

一、方言词对共同语词汇的贡献

1956年国务院发布的《关于推广普通话的指示》中正式确定普通话的定义为“以北京语音为标准音，以北方话为基础方言，以典范的现代白话文著作为语法规范”。北方话作为基础方言，其基本词汇量也是巨大的。普通话还要不断吸收某些广泛使用开来的方言词，以及时反映语言生活的发展，并从中获取丰富词汇的养料（刘叔新，1991）；普通话不仅要从基础方言中吸收词语，还要从非官方方言中吸收词语（郑奠，1956）。普通话词汇系统吸纳了大量的基础方言词语，也吸纳了部分其他方言的词语，各方言词语对普通话的影响及被吸纳机会不等。

（一）基础方言对共同语词汇的贡献

众所周知，作为普通话基础方言的北方话，由于地域广大，人口众多，加上文化、历史以及国内外各族语言的影响，其词汇内部虽然存在着大量共同使用的词语，但是绝不是完全一致的，也存在着各种各样的差异。这些内部差异，是北方话词汇长期发展变化的必然结果，是不可避免的。比如“甘薯”，在北方话中就有“甘薯、红薯、白薯、红芋、红苕、山芋、番芋、苕、地瓜、地萝卜”等不同的叫法；而“桑葚儿”，在北方话中也有“桑钱、桑枣儿、桑粒、桑仁儿、桑果儿、桑泡儿、桑莓莓、桑甚子、桑枣子、桑仁子、桑泡子、马桑子、桑果子、桑叶果、蚕叶果、桑树果儿、马桑果”等不同的叫法。另外，同一个叫法在不同的北方方言中会有不同的意思，例如："茶"在普通话里指"茶叶"或"饮料"，在沈丘话里指"晚饭"，在林县话里指"腊八粥"；"炭"在北京话里指"木炭"，在长治话里指"煤"，在获鹿话里指"烟煤"，在卫辉话里指"块煤"（卢甲文，1993）。因此，对于普通话而言，它事实上是存在着核心区域和非核心区域（外围）的分别的。核心区域，即所谓的北京官话；而非核心区域，就是中心区域辐射下的基础方言的其他官话区，包括东北官话、冀鲁官话、胶辽官话、中原官话、兰银官话、江淮官话和西南官话。判定基础方言的某一区域属于核心区域还是非核心区域的标准，应该是其对共同语形成和发展的影响，与共同语关系的远近和亲疏，以及与共同语在语音、词汇、语法等方面的相似度。影响越大，关系越密切，相似度越高，就越贴近核心区域。反之，则属于非核心区域。

汉民族共同语的基础方言是北方方言，作为核心区域的北京官话对民族共同语的形成和发展的作用无须多论。作为非核心区域的其他官话区，它们的词语对民族共同语词汇形成和发展的影响有时与作为核心区域的北京官话相比，也并不逊色。一般而言，基础方言的核心区域常为共同语提供稳定的基础词汇，非核心区域常为共同语提供活跃的新生词语。这是由词汇这一系统的开放性和社会性决定的。词汇不像语音和语法那样有相对封闭的系统，比较容易实现规范化。词汇随着时代和社会的发展，会不断产生新的词语，也会有很多词语遭到淘汰和更替。共同语基础方言具有融入共同语得天独厚的条件，作为基础方言的核心的地方话，更具其他方言无法比拟的优越条件。在汉语里，北京话是最易融入普通话的方言，仅最近20年左右的时间就有"盖帽儿、靠谱儿、门儿清"等一大批北京土语词语进入了普通话。基础方言的核心区域为共同语提供稳定的基础词语来源，起到规范的核心作用，非核心区域则为共同语的词汇系统不断丰富发展、保持生机活力提供养料。例如，西南官话属于基础方言，但不属于核心区域，在词汇上独具特色，一些西南官话的词语进入普通话或成为普通话的外围成分，很大程度上丰富了民族共同语的词汇，如“搞”作为动词不仅进入普通话词汇系统，而且衍生出“搞定、搞怪、搞鬼、搞活、搞笑、瞎搞、胡搞、搞卫生、搞活动”等一系列词语，使得普通话的动词更加丰富多样。又如，东北官话也不属于核心区域，东北官话词语伴随着“二人转”等喜剧小品大举进入共同语是最近几十年发生的事，“忽悠、嘚瑟”等也成为全国人民耳熟能详的词语。

基础方言的词语最易进入共同语词汇系统。一般来说，愈是接近核心区域的基础方言，其词语愈容易进入共同语词汇——这个“接近”不一定只是地理意义上的。晁继周（1982）认为，北京方言是普通话基础方言的核心，同其他方言相比，其影响更大，进入普通话的机会多，所以《现汉》收录北京方言词应该更宽一些。这是从词典收词的角度来看的。

（二）非基础方言对共同语词汇的贡献

非基础方言的词语通过多种途径进入共同语词汇中，为普通话词汇系统的丰富和发展贡献自己的力量，对普通话词汇的丰富和发展有着不容忽视的作用和影响，其对普通话的影响力随着社会变化而改变。例如二十世纪二三十年代，因鲁迅、茅盾、夏衍、丁玲等现代左翼作家作品的广泛传播，“尴尬、垃圾、邋遢、懊恼、把戏、龌龊”等大量吴方言词语陆续进入普通话。改革开放后，香港、深圳、广州等城市成为改革开放的重要窗口，粤方言成为强势方言，由于与外来文化交际交流频繁而产生了大量在当地通用的新词（或音译词）。二十世纪七八十年代之后，不少新词首先在粤方言中使用或引入，之后对全国产生影响，如“巴士、的士、发廊、粉丝、生猛、美发屋、牛仔裤、煲电话粥”等由粤方言引入的新词至今在普通话中仍具较强的生命力。进入普通话的粤方言词，经济类词汇占绝大比重，如“按揭、大佬、档期、票房、打工仔、大排档、发烧友、收银”等。这从《现汉》几个版本的收词也可以看出。例如“秀”，其“表演、演出”义译自英语 show，经粤港澳引入普通话，并作为词根构成一系列词语“时装秀、泳装秀、作秀、走秀、秀场”；另外还有一些词缀性的语法成分，如“超”在普通话中是动词，即“超越”，而在港澳台却是词缀或准词缀，如“超好、超难、超可爱、超好看”的“超”，现在作为副词使用也已经进入共同语词汇系统，为年轻人所乐用。

这些新词成为普通话词汇系统中活跃的不断更新变化的外层，使普通话词汇具有了鲜活的时代特征，显示出超强的生命力和表现力。2006 年起，由商务印书馆出版的新词语编年本对这些词语做了很好的收集和整理，是研究普通话词汇发展演变的宝贵资料。

二、方言词进入共同语词汇的方式

一是方言字。在不同语言词汇交流融入的过程中，如果语言词汇系统没有现成的、合适的词语来对译其他语言的词语，是会专为此而新造一个字或词，如佛教传入中国后汉语中新造的“佛、塔”，在第六章讲述外来词语的部分也已谈到，日语影响汉语后汉语中新出现的“腺”也是如此。不少汉语方言，少数词语有自己的文字表现，就是方言字。方言字进入共同语虽不容易，但还是有一些的，如表示“把鞋后帮踩在脚后跟下”这个动作在北方有一个方言字“趿”，表示“把凉了的熟食蒸热或烤热”用“熥”，表示“（皮肤）因受冻而裂开”用“皴”等。这些字之所以可以由北方方言进入共同语，是因为它们生动的词彩和特殊的词语表现。改革开放后，一些粤方言字也开始进入共同语。例如，粤方言有个新造的方言字“焗”，它是用“局”字音译 cook，后增加义符“火”而成。这个字 20 世纪 80 年代后因“盐焗鸡”和“焗油”等事物逐渐为全国各地的人们所了解。另外大家都耳熟能详的“靓”（liàng）也是方言字，在《现汉》标为“〈方〉”，意思是“漂亮，好看”，如“靓仔、靓女”[①]。共同语对于方言字的引入历来是持比较谨慎的态度的，因为标尺一旦过松，很可能给多数人带来困扰。

二是方言词，主要有两种情况。第一种是方言词整体进入共同语，如吴方言的“尴尬、垃圾、邋遢、龌龊”，粤方言的“埋单、冲凉、云吞、发烧友”。第二种是方言词充当共同语词的词干，如粤方言的“洗面、洁面、猪手、啫喱、华夫（粤语更多用‘窝夫’，‘华夫’是音译）”，南方不少方言区的“单车”，港台话的“凤梨”，天津方言的“果子”等，一般是不能作为独立的词语在共同语中使用的，因为共同语中已经有了习用的“洗脸、猪蹄、自行车、菠萝、油条”等。但是“洗面奶、洁面膏、咸猪手、啫喱水、华夫饼、共享单车、凤梨酥、煎饼果子”等新词语的整体引入使得方言的“洗面、猪手、雪糕、单车、凤梨、果子”等得以作为共同语词汇的词干进入共同语。“洗面、猪手、单车、凤梨、果子”在共同语中独用的概率仍旧不高，但是“洗面奶、咸猪手、共享单车、凤梨酥、煎饼果子”也不好说成“洗脸奶、咸猪蹄、共享自行车、菠萝酥、煎饼油条”。这也从一个角度说明了方言词的构词能力以及共同语的容纳能力。

三是熟语。语言词汇中有众多的词融入共同语，熟语也有进入共同语的情况。例如，粤方言的“跌眼镜”在粤方言是“估计错误，看走了眼”的意思，进入普通话而带有方言色彩，《现汉》（第7版）标为“〈方〉”，释为“指事情的结果出乎意料，令人感到吃惊”。又如，“大出血”在粤方言是“大降价，血本无归”的意思，现在街市售卖商

---

① 值得注意的是，《现汉》试用本就已经收入了“靓”字，但显然“靓”在普通话中使用开来应该是改革开放以后的事情。“靓”在《现汉》中还有一个 jìng 的音，标“〈书〉”，是“妆饰，打扮”“美丽”的意思。

品中的常见词义，普通话原就有此词，义为“大量出血”，粤方言义未见引入《现汉》(第7版)，但“大出血”的方言义在日常生活中已经十分常用，人们的接受度也极高。就如前面所说，行业语是否已转变为共同语词语，不应以它们是否已为《现汉》收入为标准，方言词语同样如此。再如，吴方言中的“煞有介事”也被引入普通话词汇系统，《现汉》(第7版)也已收录。可见，非基础方言的词语对普通话词汇的影响。

三、方言词进入共同语词汇的规范化问题

方言和共同语的影响是相互的，方言词汇在源源不断地给共同语输送新鲜血液的同时，作为民族共同语的普通话对方言也产生了很大的影响。推广普通话对于克服语言隔阂，维护国家统一和民族团结，促进社会交往，推动社会主义经济、政治、文化建设等方面都具有十分重大的现实意义。在社会生活的急剧变革中，我们能够感受到普通话普及的速度也在加快。随着普通话使用者的日益增多，使用普通话的社会群体发生了很大的变化。在过去，使用普通话的人群以知识分子为主，而如今这个群体的结构比例在悄悄地改变，文化水平较低人群的比重在逐步增加。使用者成分的变化带来的结果之一是普通话说得“不纯”的人越来越多。这就涉及方言词汇进入普通话的规范问题。如今不管走到哪里，在街上我们随时可能听到带有各种方言色彩的普通话，方言区人们在学习普通话时经常会受方言影响，所说的普通话带有地方色彩，被称为“方言普通话”或“地方普通话”(简称“地普”)。例如，在呼和浩特普通话中，人们经常用“不待要(懒得)、nia(人家)”等词语，如“不待要去”意思就是“懒得去”。它们是内蒙古晋语留在当地普通话中的成分，很多人都很难改。又如“小孩”,《现汉》中收了“小孩儿”，说明普通话必须儿化，西北、西

南官话和非官话则有“娃、伢、崽、囝”等五花八门的说法，但是这些地区的人在说普通话的时候，往往都改说没有儿化的“小孩”。他们以为这就是普通话，却完全想不到共同语中是从不这么说的。汪平（2013）提到作结果补语的“掉”，普通话中说“扔掉、除掉、抹掉”等，但吴语地区的人说普通话，常常会说“吃掉一斤酒”“鞋子破掉了”。吴语的“掉”是从吴语的“脱”翻译过来的，如“扔掉”来自“厾（dū）脱”、“除掉”来自“去脱”、“抹掉”来自“揩脱”、“吃掉”来自“吃脱”、“破掉”来自“破脱”。而事实上后两对中的“吃掉、破掉”在普通话是不能说的，但它们又是大家都听得懂的。其实“扔掉、除掉、抹掉”的“掉”是受吴语影响，并非正宗的北方话口语。真正北京口语中“扔了、除了、抹了”是不用“掉”的（汪平，2013）。比较典型的一种“方言普通话”是港澳等粤方言区使用普通话时形成的“港式中文”（简称“港普”）。下面我们便以“港普”为例，讨论方言区大众使用普通话中存在的比较突出的词汇问题。

第一，将粤方言中的词语直接用到“港普”中，“今个、今次、令到、极之”等是比较典型的词汇（石定栩等，2006）。

第二，用汉语语素自行组词或硬译外语词。例如，澳门特别行政区政府劳工事务局2020年发出“百亿抗疫援助专项基金带津培训计划”。这里的“带津”即“带津贴”，但《现汉》（第7版）中“津”并无“津贴”之义。2021年11月19日澳门大学为其校庆40周年发出一则启事：澳门大学40周年校庆——澳大杰人讲坛73讲：澳门基金会主席吴志良博士主讲“澳门历史的意义”。“杰人讲坛”是Distingished Lecture的汉译。这个词本可译作“杰出学人讲座”或“特邀学者讲座”之类，但这里却译作“杰人讲坛”。普通话中语素“杰”可构词为“杰作、人杰”等，却没有“杰人”一词。无独有偶，2022年9月2日的《澳门日报》刊登了《杰人会中秋义卖助自闭患者》一文，也用了“杰人”：“由国际杰人会澳门总会主办，国际杰人会澳门总会义工总队、国际杰人会澳门青年会青年义工队协办的‘二〇二二中秋慈善义卖’灯笼义卖，已于上月中旬圆满举行。”

第三，将粤方言的语法形式直接套用于普通话的表达中。例如，“港普”中表示“提示”（或“提醒”）对方时，一般用“提提你”。又如，一则内部培训课程布告里写道：“专业秘书暨行政人员实务课程”。普通话中的“暨”多用于书面，所出现的场合比“和”“及”“与”更庄重、更正式；而且，一些情况下“暨”跟“和”“及”“与”并不通用，尤其在一些专用的名称中，非用“暨”不可，不好代之以“和”“及”“与”，如“汉语词汇学首届国际学术讨论会暨第五届全国研讨会”。在粤方言中“暨”在书面语、口语里均可使用，其功能和意义基本等同于“和”“及”“与”，所以才会出现“父亲暨哥哥、姐姐今晚一同返广州”这样不合适的用法。

第二节 规范型语文词典与词语的规范使用

一、规范型语文词典指导词汇规范使用

语言文字是最重要的社会交际交流工具，充满了活力，具有很强的社会性。词汇的发展、变化每时每刻都在发生，因为它时刻追踪着社会的发展变化，并全面、及时地加以反映。而语言中众多词语长年累月的发展，自然也会引起整个词汇系统的变化。语言词汇因为使用者在辽阔地域上的分布而产生变异，比如各方言的发展便是语言发展的自然趋势。然而，在社会语文生活中存在着不健康现象也是不争的客观事实，为了充分发挥语言文字的交际作用，交际各方必须遵守统一而明确的规范，也就是产生了词汇规范的需要。因此，交际本身就对语言提出规范的要求，而语文生活也只有加以科学地规范，才能健

康地繁荣发展。无论是古代的通语还是现代的普通话，都极大地推动了语言的规范，尤其是词汇的规范。正因为有了词汇的规范，现代汉语数以万计的词语才能被人们理解和使用。

在进入文明社会以前，语言规范是通过约定俗成的原则实现的。进入文明社会以后，语言文字规范除了约定俗成这个基本原则起作用之外，社会力量的制约和调节也起着不容忽视的辅助作用。社会力量的制约和调节主要是通过政府部门制定标准和权威人士著书立说。在制定和贯彻语言规范方面，辞书一直起着十分重要的作用。李宇明（2004）指出“语文辞书的基本职能是提供与辞书内容相关的语言文字规范，包括规范文件所定的规范和将不成文规范转化为成文规范，同时记录相关的语言文字现象”。规范型语文词典是为民族共同语规范化服务的词典，它的中心任务是确定词汇规范，比如哪些词具备了民族共同语词汇的资格，读音和词形如何，如何解释，怎样正确使用等。比较常见的规范型语文词典如《现汉》、《现代汉语规范词典》（以下简称《现规》）等，这些规范型语文词典在推动语言文字规范，尤其是词汇规范中起到了极其重要的作用。以《现汉》和《现规》编纂为例，编纂《现汉》旨在“为推广普通话、促进汉语规范化服务”；《现规》则是1992年由国家语委立项并组织编写的，目的在于充分发挥规范型语文词典同广大人民群众密切联系这个优势，积极引导语言文字应用的规范化，促进语文生活的健康繁荣。

二、规范型语文词典的收词与规范

规范型语文词典在词语选收方面有严格而详细规定，词典收录的词语，应基本上反映现代汉语的词汇面貌，因而在收词上必须具有完备性。由于规范型语文词典必须对民族共同语词汇体系做全面的反映，这样一来规范型词典与其他单纯以释义查考为目的编纂的词典就很不相同，如若词典单纯地以释疑解难为目的，在收词上就不一定会考虑全面的词汇系统，一些很常用的无须查考的词语就不会被收录。而规范型语文词典，如《现汉》所记录和描述的应当是语言发展历史中“现代”这样一个共时层面的词汇现象。语言词汇体系中大量的常用词，意思非常明确，人们都非常熟悉。由于规范型语文词典需要全面反映语言的词汇体系，就要对词语做全面收录，不能因为一些词语查检人数较少而不收。例如，“白”字领头的词中，像“白菜、白天、白色”这些常用、易懂的词，很多词能够从结构中推知它们的意义，《现汉》从规范性的角度考虑，都予以收录。

普通话中的许多常用词，方言中却有不同的说法。从推广普通话的角度来看，《现汉》对普通话词汇体系做全面的记录和描述，对方言区读者学习普通话有很大的帮助。例如：“上午、下午”在北方方言中说“前半晌、后半晌”，而在粤方言、赣方言中说“上昼、下昼”；“自行车”在粤方言、闽南方言中说“单车”，而吴方言却说“脚踏车”；“睡觉”在吴方言、赣方言中说“困觉”；等等。像“上午、下午、自行车、睡觉”这类常用词，一般词典是可以不收的，而像《现汉》这类规范型词典，无论从全面反映普通话词汇体系的角度，还是从为推广普通话服务的角度，都应该收录（晁继周等，1995）。当然，作为一部中型语文词典，《现汉》在收词上既是全面的，又有较强的选择性。选词的依据，既要看查考的需要，更要看词语的常用程度。

除了一些基本词汇和常用词，规范型语文词典对方言中的词语、文言词语、新词语、外来词语等也会进行客观地反映。一定程度上，进入普通话后稳定下来并被《现汉》收录的词语都可以看作是新词语。“增收主要依据通用性和生命度原则，重点在于及时反映词汇系统的发展变化，促进语言使用的规范化。”（江蓝生，2012）以方言词进入共同语为例。一般来说，新词语能够进入共同语词汇主要有以下原因。

第一，指称新事物。某个词是否有引入的价值，取决于其是否是共同语词汇所缺失的。如果对于某个新生事物来说，共同语无相应的词语表达而方言恰巧有相应的词语表达，那么该词语就能够填补共同语词汇系统的空白，满足表达的需要；如果它还有新意或是较好的表意方式，那么也就有了进入共同语的机会和可能。比如已流行的粤方言词“生猛”表示的“活蹦乱跳的（鱼虾等）”这样的新意，在普通话里没有哪个词表示它，因此应当明确其普通话词语的身份——后来在2002年《现汉》增补本中又增收了“富有生气和活力的：~的武打动作。”这一条释义类似这样的方言词，似乎就可以吸收。它们进入普通话，会给普通话词汇增添新的活力。

第二，表达新需求。语言的根本属性是社会性。社会是不断发展变化的，社会的发展常常导致共同语词汇系统出现缺位，因此社会对语言新的需求也会不断产生。改革开放后，作为经济开放前沿地带，粤方言成为强势方言，一些新造词以及译自外语词的外来词，都为丰富汉民族共同语做出了重要贡献，如“冲凉、搞掂（在非粤方言区多写作‘搞定’）、T恤衫、跟进、写字楼”等。反过来看，虽然共同语中已有表达某个概念的词语，但因语言风格、词语色彩等表达需求，就仍有从方言中引入的可能。

第三，表现力强。能够被共同语所吸收的词语，往往生动而别致，很有表现力。例如，买东西之后付账是常见的动作行为，民族共同语中早有“付款、结账”等词称之，而粤方言的“埋单”（在非粤方言地区多写作“买单”）由于更加形象生动而已被广泛地运用于普通话中，对共同语词汇起到了丰富、补充的作用。

第四，符合造词规则。汉语构词讲究韵律，如普通话中有“自行车”一词，当进入共享经济时代，出现了共享式的自行车，取“单车”而不取“自行车”为构件，就是因为“共享单车”这一四字格式更符合韵律要求。

第五，有文化内涵。内涵积极、格调高雅的词语往往会有较广的通行范围和较高的使用频率，更容易进入共同语词汇，如粤方言中的“迷你、奶昔、热狗、桑拿浴”等。以“花生”为例，“花生”在山东方言还有“长生果、落生、果子”等多种叫法，而普通话则舍弃了其通行范围窄、过于土俗的“长生果、落生、果子”的叫法，最终选取了“花生”进入。

《现汉》的编纂者依据大量书面资料对方言词语是进入普通话还是保留其方言地位加以认定，进而通过词典反映出来。对于新生词语是否已经进入普通话词汇，有人曾以《现汉》是否标“〈方〉”作为判断标准。实际上情况比较复杂。例如，“巴士、抄手、摆龙门阵、忽悠、嘚瑟、跌眼镜、噱头、焗、冲凉、生猛、大佬、大排档、收银”等词语在《现汉》中均标注为“〈方〉”。但是，除了看来源和出处，也应该更关注其使用的广泛性和社会接受度，不能笼统地以《现汉》是否标“〈方〉”作为判断一个新生词语是否进入普通话词汇系统的依据。此外，“云吞、朱古力、洗面奶、咸猪手”等词语并没有被《现汉》收录，对于这一类词语也是缺少判断的具体依据的。

《现汉》对古旧词语也有一定的收录。我们都知道现代汉语与古代汉语之间并不存在不可逾越的鸿沟。一些古旧词语只要是在现代社会还能够应用而且普遍为人所理解，都应该在现代汉语词汇范围里，现代汉语中本身也存在大量从古代沿用下来的词汇。在第六章我们已经谈到了古旧词语，这里不再赘述。在词汇的发展演变中，很多古代比较常用的词语，在现代汉语中的使用范围变得狭小而固定，甚或已经被现代汉语口语中的其他词语所替代，如“买”替代了“购”，“家属”替代了“眷”，“看”替代了“阅”，“带”替代了“携”，“次”替代了“届”。这些古代的常用词语在现代汉语中已经变成了语素，不能再单独使用，但在“抢购、认购”“阅读、阅卷”“家眷、眷属”“携带、便携”“往届、应届”等较为固定的格式中仍显示着活力。这些词义理应被看作现代汉语中的规范成分。有些文言词语，口语中虽不说，书面语中却很常见，像“踌躇、馥郁、屏迹、断魂、时艰、俯察”等，也应看作现代汉语词汇的组成部分。对古代词语吸收的标准应该在于现代语言的书面资料。那些在现代语文生活中存活率很低、引用率也不高，甚至已经死亡的古旧词语，规范型语文词典不必收录，如“安堵、哀毁骨立、民虞、名迹、推服”等。语文词典在为古雅的词语释义时，会标以特定的符号，如《现汉》标以“〈书〉”符，《新编》标以“文”符。在为旧词语释义时，一些语文工具书通常会直接用“旧时”“旧称”“古时”等字眼来说明。下面的词语出自《新编》：

【村塾】旧时乡村中的学堂。

【书童】旧时侍候主人及其子弟读书并做杂事的未成年的仆人。

【望门寡】旧时女子订婚后未婚夫就死去，俗称望门寡。

【棒头出孝子】旧时的教育理念，认为使用打骂等严格方法管教，孩子才会听话且孝顺父母。

【更漏】古时夜间凭漏壶表示的时刻报更，所以漏壶又叫更漏。

下面的词语出自 1996 年《现汉》后的各版：

【查照】旧时公文用语，叫对方注意文件内容，或按照文件内容（办事）：即希～|希～办理。

【马快】旧时官署里从事侦查、逮捕罪犯的差役。

【邮差】邮递员的旧称。

【守宫】壁虎的旧称。

不同的语文工具书可能会在一些词语是否具有陈旧的时代色彩的认定上意见不一致。例如“查照”，《现汉》说它是“旧时公文用语”，而《新编》只说它是“公文用语”，未加“旧时”二字限定，这也反映出不同区域的人们对旧词语的认识也常有差异。又如《新编》所收的“撤差”，释义道：“免去原来的职务。旧时称‘撤官职’。”对于台湾地区的人们来说，“撤差”和“撤官职”都没有陈旧的时代色彩，但是对于大陆地区的人来说，“撤差”已是有着陈旧的时代色彩的词语，更别说“撤官职”了。

除方言词、古语词和新词新义需要规范外，那些已经进入民族共同语的词汇，也有规范的问题。比如等义词和异形词，就有推荐哪种说法和词形的问题。例如，“水泥—洋灰”“刺槐—洋槐”是等义词，《现汉》以“水泥、刺槐”为正条，给以定义性解释，而以“洋灰、洋槐”为副条，分别简注为“水泥的旧称”和“刺槐”。又如，“柴火—柴禾”都读 chái· huo，是异形词，“辨正”与“辩正”是异形词，“独角戏”与“独脚戏”是异形词，《现汉》以“柴火”、“辨正”和“独角戏”为规范词形，“柴禾”未出条，“辩正”的写法做副条处理，简注为“同‘辨正’”，而“独脚戏”作为非推荐词形加括号附列在“独角戏”后，不再出条。这些都反映了词典编纂工作者的取向，体现了词典的规范原则（晁继周等，1995）。

词汇是语言中最活跃的因素，处于经常的变动之中。因此，规范型语文词典必须在一次一次的修订中根据语言发展变化的情况，在内容上做适当的、必要的调整。有些词不再使用了，就应当把它们剔除。有些新词经过社会交际实践的检验，证明其已经成为民族共同语词汇的组成部分，就应当及时把它们收录到词典中来。有些方言词语已被全社会普遍使用，就应当为它们除去方言的标志，承认它们的标准语身份。只有这样，规范型词典才能在促进民族共同语规范化中发挥积极的、别的词典难以替代的作用。吕叔湘先生（1996：7–8）曾说：“凡是‘现代’词典都要跟上时代，不断地修订。”《现汉》从 1956 年开始编纂到“第 1 版”（1978）出版历经了 22 年，而后又相继出版了“第 2 版”（1983）、“修订本”（1996）、“增补本”（2002）、“第 5 版”（2005）、“第 6 版”（2012）、“第 7 版”（2016）。每次修订中，新词新义都是一项尤为重要的内容。

三、词语规范使用

词语的规范使用涉及多个方面的内容。在方言词语的使用中应注意三个方面的问题。第一，有些词在方言和共同语中都存在，但理性意义不一致，须仔细辨别。例如，“吹牛”在普通话中的含义是“说大话”“夸口”“吹嘘”，在西南官话中却指“聊天”。又如，“花园、广场”在港澳有“楼盘”义，在内地原只指种满花的园子和占地较大、比较开阔的场子，近些年来也已开始逐渐接受港澳地区的这种意义，很多楼盘也开始以“某某花园、某某广场”来命名。当然，方言词语进入共同语词汇，也有将共同语中原表同样意义的词语替换掉，或使其意义发生改变的情况。例如，普通话中原有“不好意思”，《现汉》给出两个义项：❶害羞；难为情。❷碍于情面而不便或不肯。粤方言的“唔（好）意思”是“对不起”的意思，“唔（好）意思”的意思进入普通话后，被普通话说者用比较接近的“不好意思”说出来，此时的“不好意思”已被替换成了“对不起”的同义语。第二，有些词在方言和共同语中都存在，但色彩意义不一致，尤其需要注意。例如，“政客”在港澳地区是中性词，如“学校今天接待特区政府来检查指导工作的一众政客”。该词在普通话中却具有明显的贬义色彩[①]，如“资产阶级政客、反动政客”等。第三，有些词在方言和共同语中都存在，但用法存在差异，使用时须格外小心。例如，能愿动词“必须”在共同语中只能出现在动词前，如“必须去、必须吃掉”，而在东北方言中，“必须”也是形容词，如可以说“这是必须的”。东北方言“必须”的此种用法，如今已为部分普通话说者所接受。介词“通过”和“透过”在台湾地区和大陆用法有异，普通话中“透过”常用于抽象的事

---

① 《现汉》虽未注明该词是贬义词，但是从释义上可看出编者的褒贬倾向：指从事政治投机、玩弄权术、谋取私利的人。

物，“通过”常用于比较具体的事物，如“透过现象看本质”和“通过收集语料”；而在台湾地区“透过”用于抽象或具体的事物均可，如“透过收集语料”。普通话中名词“渠道”和“管道”的区别很明显，而在台湾地区“渠道”一词有时可用“管道”替代，如“蔡政府上台后两岸官方沟通管道中断”。普通话中连词“及”连接的前项与后项有主次之分，“及”前的成分地位比“及”后的成分地位重要，如“市长、副市长及办公室秘书”；但在港澳地区“及”连接的前后项却没有主次之分，如“特首及中联办主任联袂光临”。普通话中副词“好”修饰限定用的词与被修饰限定的词尽量避用同字，如“好累、好紧张”，而在港澳修饰限定用的词与被修饰限定的词可不避同字，如“好好呦、好好吃”等。

词语的规范使用还涉及外来词语的译写问题。首先是外来词语翻译的用字，要尽量使用“好字眼”。例如：希腊首都 Athens，汉语译作“雅典”，而未译作“阿癫”；美国的 Starbucks 咖啡店，汉语译作“星巴克”，而没使用音译“斯嗒巴克”；非洲东南部的国家 Mozambique，旧译“莫三鼻给”，后改译成“莫桑比克”。其次是外来词语的译写汉字使用的混乱。例如：英语“sofa”在内地译作“沙发”，而港澳地区译作“梳化”；“巧克力”是英语 chocolate 的英译，近年来广东等地又出现了“朱古力”，也是对同一词的译写。外来词语的译写需要规范，尤其是外来词语中的专属词语，这一问题很突出。例如，美国前总统 Donald Trump 译作“唐纳德·特朗普”，也写作“唐纳德·川普”。外来词语中的专属词语的译写在同一种语言中的不同方言或者区域中尤为突出，例如，德国产的名牌汽车 Benz 一般译作“奔驰”（以前也译作“本茨”），而在台湾地区却译作“宾士”（或“朋驰”）。又如，电影 Titanic 的译名一般认为是“泰坦尼克号”，而港台地区则称其为“铁达尼号”。俄国诗人 Пушкин 一般译作“普希金”，在台湾地区则译作“普式庚”。也有可能一方采用半音译半意译的方法，另一方采用全音译的方法。例如，New Zealand 一般译作“新西兰”，在台港澳地区则译作“纽西兰”。即使是在同一方言或者同一地区中，也可能在开始会有不同的译法，之后再逐渐定型统一的情形。以美国的饮料 Sprite 的译写为例，20 世纪 70 年代在港澳风行时，既可译写作“利必是”，又可译写作“雪碧”，后来后者才逐渐取代前者并稳定下来。语言文字规范工作做得好的地区，外来词的译写问题就不太严重；反之，做得不太好的地区，外来词的译写问题就比较严重了。例如美国总统“Bush”，在中国台湾的平面媒体上既可写作“布殊”，又可写作“布希”，还可像祖国大陆一样写作“布什”。又如美国著名流行歌星 Michael Joseph Jackson，其中文译名有多种，在中国最常见的为“迈克尔·约瑟夫·杰克逊”，台湾地区则译为“麦可·杰克森”，香港、澳门地区译为“米高积逊”或“米高积豆”。鉴于此，外语词汉译需有专门的部门来管理就成了一件必须做的工作。据说 20 世纪 50 年代，由于译名的不规范使用，同一个人物出现了不同的译名给了解情况和决策带来极大的不便，于是我们成立了新华通讯社译名室，外国人名译名皆以新华社的为准。正因为有了新华社对外语译名的管理，才使得外语词的中译有了规范。

字母词的使用始终存在着争议，尤其是对于字母词被收入规范型的语文词典学界有着不同的声音，毕竟字母词这样的缩略形式在某些领域使用起来非常便利。比如通讯科技领域，对中国人来说，比汉语缩略语的辨识度要高很多。如果非要把 WTO 改成“世界贸易组织”，可能会让语言使用者产生排斥心理。实际上，语言中有些字母词的使用是无法避免的，如 KTV 是“‘卡拉 OK’和电视设备的包间”，不说 KTV，也没有合适的词语来表达。现代汉语中为数不多的字母词现象，绝大多数人认为是积极现象，并且大家也都在自己的日常语言活动中运用字母词；但也有人认为是消极现象，甚至建议从语言生活中清除。然而不少字母词已经融入了我们日常的语言生活中，如“X 光、MP4、

CEO、NBA、AA制、γ射线、AB角”等，如果从规范的角度硬性地清除，会给我们的语文生活带来不便。从语言作为人们交际交流工具的角度来看，字母词由哪些零件构成，怎么使用，合不合用，是由使用者自己来决定的。例如ABC这个字母词，当我们在书的封面上看到它，比如《禅学ABC》，它是“初步认知”的意思。如果不能使用ABC，用什么合适呢？是否要用“一二三”？用“小菜一碟”？用“毛毛雨”？或许也可以说成汉语说者多少觉得有些别扭的“初阶”？《现汉》（第7版）所收录的字母词由两部分组成，一是正文中收录的“阿Q、卡拉OK、三K党”3个词条，二是附在正文后面的235个西文字母开头的词语，共计238个词语，和词典中其他条目相比，简直是九牛一毛，也不会撼动汉语词语由汉字构成的根本性质，无须担忧。

四、规范型语文词典规范与词语规范使用的互动

作为一种成文规范，规范型语文词典在指导人们正确地使用词语，规范社会语言生活方面起到很重要的作用。这一点我们前面已经谈了很多。但另一方面，语言符号具有任意性，是人们约定俗成的，而这种约定俗成作为一种不成文的规范同样起着很重要的作用，语言规范要以人们的语言实践，即语文生活为基础。

语言变异会引起语言歧异现象产生，具体到词语规范，社会生活中几个歧异词语，到底使用哪一个？或者哪一个更规范？语言的发展有时候是没有什么道理可言的，语言自身会有一个淘汰、选择并最终达到统一的自觉规范的过程。举个简单的例子，当一种新事物刚出现的时候，语言中可能会出现几种不同的语言形式去表示它。从语言规范的角度看，这种情况的长期存在会给人们的交际带来很多不便，也是不合适的。那么，在表达同一事物的几个词中，到底留下哪一个，去掉哪一个或哪几个，可能会由语言使用者在实际运用中选择，而规

范型语文词典会把人们选择的结果反映出来。一部权威的语文词典一旦做出某种选择，就具有很强的导向作用。比如，“展销、展售、展卖”这三个词，表示的是同一事物。而通过观察，人们在社会生活中使用最多的是“展销”。因此，《现汉》在1996年的修订本中，收了“展销”，但没有收“展售”和“展卖”。这就是一种导向和规范。

当社会语言生活的某些歧异现象影响到人们的正常交际时，往往就需要语言规范来起作用，很大程度上社会语言生活实践会为语言规范的形成提供依据。晁继周（2005）认为，从几种歧异现象中确定一种作为规范的依据主要有：为多数社会成员所使用，并经历了较长时间，早已形成强势地位；淘汰标准以外的歧异现象不会引起很大阻力或者造成某种损失。以“荨麻疹”一词读音的变化为例。“荨麻疹”在《现汉》1983年的版本还是标 qián má zhěn。但是“荨”字由于受声符“寻”的影响被许多人读为 xún，于是 xún má zhěn 的读音就成为与 qián má zhěn 并存的一种变异现象。荨麻疹是一种常见的皮肤病，无论医生还是患者都说 xún má zhěn，而不说 qián má zhěn。在一段时间里 qián má zhěn 与 xún má zhěn 并存，前者存于词典中，后者存于社会语言生活里，尤其是口语中（晁继周，2005）。一个词两个音，意义完全一样，规范工作者就会觉得有违语言的经济原则，会对人们的表达和理解造成不必要的负担，这就面临一个选择的问题。1985年经过修订公布的《普通话异读词审音表》把 xún má zhěn 确定为规范读音，《现汉》吸收了这一规范读音，在1996年修订本中将“荨”处理为多音字，“荨麻疹”的读音标 xún má zhěn，并标旧读 qián má zhěn，但“荨麻”一词仍读“qián má”，这是尊重社会语言实践的表现。这个读音的规范是在语言使用者约定俗成中完成的，是语言的自觉规范。语言生活中类似的情况有很多，如词语的缩略，“邮政编码”按照语言结构规律，简缩为“邮码”较为合理，但实际情况是最终看似无理的“邮编”战胜了有理的“邮码”，被收入《现汉》中。过去还有人指出“人工流产”不能简缩为“人流”，但语言实践证明，这种规范已经或正在受到巨大的冲击，语言生活中的事实就是很好的证明。另外，语言中本来有表示某一概念意义的词，后来因为种种原因出现了一个意义相同或相近的词，受人的习惯心理、思维定式的影响，已经习惯使用旧词的人会难以接受这个刚出现的新词。相同或相近的概念意义用两个词来表示，到底选择哪一个要从语言自身发展变化的规律出发，从使用语言的群体的心理需要和心理规律出发。比如，普通话中原来有“收款台”，在粤语的影响下，出现了意义相同的“收银台”，同一个意义可以用两个词语来表达，而如今在现实生活中，“收银台”一词使用频率更高，《现汉》也收录了“收银”一词，例词中就有“收银台”。

因此，对语言中的这样一些有待规范的现象，我们不必急于用逻辑事理或现有的语言规范去强行取舍，而应该随时予以关注，通过调查统计分析这些现象的使用情况，并在此基础上审慎地预测其发展趋势。实践证明，不顾语言发展规律而制定的成文规范最终只能落得贻笑大方的下场。

主要参考文献

SOUKHANOV A H, ELLIS K, JOST D A, SEVERYNSE M, BERUBE M S. The American heritage dictionary of the English language [M]. 3rd ed. Boston: Houghton Mifflin, 1982.

BLOOMFIELD L. Language. New York: Holt, Rinehart and Winston, 1933.

GIVÓN T. Historical syntax and synchronic morphology: an archaeologist's field trip. Chicago Linguistic Society, 1971（7）: 394–415.

GOOSSENS L, PAUWELS P, et al. By word of mouth: metaphor, metonymy and linguistic action in a cognitive perspective. Amsterdam/Philadelphia: John Benjamins, 1995.

HORNBY A. S. Oxford advanced learner's dictionary of current English [M]. London: Oxford University Press, 1974.

LAKOFF G, JOHNSON M. Metaphors we live by. Chicago: University of Chicago Press, 1980.

LYONS J. Introduction to theoretical linguistics [M]. Cambridge: Cambridge University Press, 1968.

PACKARD J L. The morphology of Chinese: a linguistic and cognitive approach [M]. Cambridge: Cambridge University Press, 2000.

PROCTER P. Longman dictionary of contemporary English [M]. London: Longman Group Limited, 1978.

SINCLAIR J. Collins COBUILD English language dictionary [M]. London: Harper Collins Publishers, 1988.

WATSON O. Longman modern English dictionary［M］. London: Longman Group Limited, 1968.

爱德华·萨丕尔. 语言论：言语研究导论［M］. 陆卓元，译. 北京：商务印书馆，1964.

安国风. 欧几里得在中国：汉译《几何原本》的源流与影响［M］. 纪志刚，郑诚，郑方磊，译. 南京：江苏人民出版社，2008.

蔡永强. 发展汉语：中级口语 2［M］. 2 版. 北京：北京语言大学出版社，2011.

曹先擢. 并列式同素异序同义词［J］. 中国语文，1979（6）：406–411.

岑麒祥. 论词义的性质及其与概念的关系［J］. 中国语文，1961（5）：8–11.

晁继周.《现代汉语词典》与北京方言词［J］. 辞书研究，1982（6）：104–109.

晁继周，单耀海，韩敬体. 关于规范型词典的收词问题［J］. 语言文字应用，1995（2）：89–93.

晁继周. 语言规范、辞书编纂与社会语言生活［J］. 辞书研究，2005（2）：10–18.

陈爱文，于平. 并列式双音词的字序［J］. 中国语文，1979（2）：101.

陈力卫. 东来东往：近代中日之间的语词概念［M］. 北京：社会科学文献出版社，2019.

陈庆祜，周国光. 词汇的性质、地位及其构成［J］. 安徽师大学报（哲学社会科学版），1987（3）：94–101.

戴昭铭. 现代汉语合成词的内部结构与外部功能的关系［J］. 语文研究，1988（3）：21–28.

邓盾. “词”为何物：对现代汉语“词”的一种重新界定［J］. 世界汉语教学，2020，34（2）：172–184.

董秀芳. 论句法结构的词汇化［J］. 语言研究，2002（3）：56–65.

董秀芳. 词汇化：汉语双音词的衍生和发展［M］. 修订本. 北京：商务印书馆，2011.

杜翔. 时政类词语的比喻引申与词典释义［J］. 中国语文，2017（6）：747–751.

冯胜利. 汉语的韵律、词法与句法［M］. 北京：北京大学出版社，1997.

符淮青. 现代汉语词汇［M］. 北京：北京大学出版社，1985.

符淮青. 汉语表“红”的颜色词群分析（上）［J］. 语文研究，1988（6）：28–35.

符淮青. 汉语表“红”的颜色词群分析（下）［J］. 语文研究，1989（2）：39–46.

符淮青. 词义的分析和描写［M］. 北京：外语教学与研究出版社，2006.

符淮青. 词典学词汇学语义学文集［M］. 增订本. 北京：商务印书馆，2022.

高歌东，张志清. 汉语惯用语大辞典［M］. 天津：天津教育出版社，1995.

高名凯. 汉语语法论［M］. 北京：科学出版社，1957.

高名凯. 论语言系统中的词位［J］. 北京大学学报（人文科学），1962(01)：29–43.

高名凯. 语言论［M］. 北京：科学出版社，1963.

高名凯，石安石. 语言学概论［M］. 北京：中华书局，1963.

葛本仪，王立廷. 建国以来对“词”“词汇”概念的研究［J］. 语文建设，1992（4）：31–35.

国语日报出版中心. 新编国语日报辞典［M］. 台北：国语日报社，2000.

何九盈，蒋绍愚. 古汉语词汇讲话［M］. 北京：中华书局，2010.

侯敏. 汉语新词语词典：2000–2020［M］. 北京：商务印书馆，2022.

侯敏，邹煜. 2016汉语新词语［M］. 北京：商务印书馆，2017.

胡裕树. 现代汉语［M］. 上海：上海教育出版社，1981.

黄伯荣，廖序东．现代汉语：下册［M］．增订版．北京：高等教育出版社，1991.

贾彦德．汉语语义学［M］．北京：北京大学出版社，1992.

江蓝生．守正拓新 与时共进:《现代汉语词典》第 6 版修订述略［J］．秘书工作，2012（10）：51–54.

江蓝生．近代汉语探源［M］．北京：商务印书馆，2022.

蒋冀骋，吴福祥．近代汉语纲要［M］．长沙：湖南教育出版社，1997.

蒋绍愚．词义的发展和变化［J］．语文研究，1985（2）：7–12.

蒋绍愚．古汉语词汇纲要［M］．北京：北京大学出版社，1989.

蒋绍愚．汉语历史词汇学概要［M］．北京：商务印书馆，2015.

蒋文钦，陈爱文．关于并列结构固定词语的内部次序［J］．中国语文，1982（4）：289–301.

黎锦熙，刘世儒．汉语语法教材：第 1 辑［M］．北京：商务印书馆，1957.

李行健，刘叔新．怎样使用词语［M］．天津：天津人民出版社，1975.

李英．现代汉语词汇答问［M］．北京：北京大学出版社，2014.

李宇明．辞书与语言文字规范［J］．辞书研究，2004（4）：1–9.

梁晓虹．佛教词语的构造与汉语词汇的发展［M］．北京：北京语言学院出版社，1994.

刘丹青．科学精神：中国文化语言学的紧迫课题［J］．江苏社会科学，1993（1）：96–100.

刘叔新．论同义词词典的编纂原则［J］．辞书研究，1982（1）：55–65.

刘叔新．汉语描写词汇学［M］．北京：商务印书馆，1990.

刘叔新．从词汇规范化看方言词的吸收［J］．语文建设，1991（6）：6–7.

刘正埮，高名凯，麦永乾，史有为．汉语外来词词典［M］．上海：上海辞书出版社，1984.

龙潜庵. 宋元语言词典［M］. 上海：上海辞书出版社，1985.

卢甲文. 北方话词汇的内部差异与规范化［J］. 湖北大学学报（哲学社会科学版），1993（3）：80–85.

陆俭明. 现代汉语语法研究教程［M］. 北京：北京大学出版社，2003.

陆志韦. 北京话单音词词汇［M］. 修订本. 北京：科学出版社，1956.

陆志韦，等. 汉语的构词法［M］. 修订本. 北京：科学出版社，1964.

吕叔湘. 中国文法要略：上［M］. 北京：商务印书馆，1941.

吕叔湘. 语法学习［M］. 北京：中国青年出版社，1953.

吕叔湘. 汉语语法分析问题［M］. 北京：商务印书馆，1979.

吕叔湘. 语文常谈［M］. 北京：生活·读书·新知三联书店，1980.

吕叔湘. 在《现代汉语词典》学术研讨会上的讲话（书面发言）［C］// 吕叔湘，胡绳，等，《现代汉语词典》学术研讨会论文集，北京：商务印书馆，1996.

吕叔湘. 汉语里“词”的问题概述［G］// 汉语语法论文集. 北京：商务印书馆，1999。

吕叔湘，朱德熙. 语法修辞讲话［M］. 北京：中国青年出版社，1952.

马国凡，高歌东. 惯用语［M］. 呼和浩特：内蒙古人民出版社，1982.

梅家驹，竺一鸣，高蕴琦，等. 同义词词林［M］. 上海：上海辞书出版社，1983.

潘允中. 汉语词汇史概要［M］. 上海：上海古籍出版社，1989.

齐佩瑢. 训诂学概论［M］. 北京：中华书局，2004.

钱韵，余戈. 现代汉语四字格成语的词汇化研究［J］. 语言科学，2003，2（6）：86–96.

商务印书馆辞书研究中心. 新华成语词典［M］. 北京：商务印书馆，2002.

商务印书馆辞书研究中心. 新华新词语词典［M］. 北京：商务印书馆，2003.

商务印书馆辞书研究中心. 新华成语词典［M］. 北京：商务印书馆，2012.

沈国威. 六合丛谈：附解题·索引［M］. 上海：上海辞书出版社，2006.

沈国威. 汉语近代二字词研究：语言接触与汉语的近代演化［M］. 上海：华东师范大学出版社，2015.

施春宏. 汉语纲要：上册［M］. 北京：北京语言大学出版社，2018.

石安石. 语义论［M］. 北京：商务印书馆，1993.

石安石，詹人凤. 反义词聚的共性、类别及不均衡性［G］// 北京大学中文系《语言学论丛》编委会. 语言学论丛：第 10 辑. 北京：商务印书馆，1983.

石定栩，邵敬敏，朱志瑜. 港式中文与标准中文的比较［M］. 香港：香港教育图书公司，2006.

史存直. 汉语史纲要［M］. 北京：中华书局，2008.

舒雁. 双句成语［M］. 香港：明天出版社，1990.

孙常叙. 汉语词汇［M］. 长春：吉林人民出版社，1956.

孙常叙. 汉语词汇［M］. 重排本. 北京：商务印书馆，2006.

索绪尔，普通语言学教程［M］. 高名凯，译. 北京：商务印书馆，1980.

田小琳. 田小琳语言学论文集［M］. 长春：东北师范大学出版社，2006.

汪平. 试论书面语与口语、方言、普通话的关系［J］. 中国方言学报，2013（3）：201–107.

汪维辉. 汉语词汇史［M］. 上海：中西书局，2021.

王艾录，司富珍. 语言理据研究［M］. 北京：中国社会科学出版社，2002.

王灿龙. 词汇化二例：兼谈词汇化和语法化的关系［J］. 当代语言学，2005（3）：225–236.

王东海，张志毅. 现代汉语词汇语义共时研究的历时、历史视角［J］. 江苏大学学报（社会科学版），2007，9（5）：33–39.

王洪君. 基于单字的现代汉语词法研究［M］. 北京：商务印书馆，2011.

王红旗．语言学概论［M］．修订本．北京：北京大学出版社，2008.

王力．中国语法纲要［M］．北京：开明书店，1946.

王力．中国语法理论［M］．上册．北京：中华书局，1955.

王力．汉语语法纲要［M］．上海：新知识出版社，1957.

王力．汉语史稿：中册［M］．北京：科学出版社，1958.

王力．汉语史稿：下册［M］．北京：科学出版社，1958.

王力．汉语词汇史［M］．北京：商务印书馆，1993.

王宁，邹晓丽．词汇［M］．香港：和平图书·海峰出版社，1998.

王勤，武占坤．现代汉语词汇［M］．长沙：湖南人民出版社，1959.

王勤，武占坤．现代汉语词汇概要［M］．呼和浩特：内蒙古人民出版社，1983.

王涛，阮智富，等．中国成语大辞典［M］．上海：上海辞书出版社，1987.

王文斌．英语词汇语义学［M］．杭州：浙江教育出版社，2001.

王希杰．汉语词汇学［M］．北京：商务印书馆，2018.

王云路，王诚．汉语词汇核心义研究［M］．北京：北京大学出版社，2014.

王云五．王云五大辞典［M］．上海：商务印书馆，1930.

维多利亚·弗罗姆金、罗伯特·罗德曼．语言导论［M］．沈家煊，等译．北京：北京语言学院出版社，1994.

魏慧萍．关于汉语字词关系的再思考［J］．南京师大学报（社会科学版），2004（1）：135–140.

吴福祥，王云路．汉语语义演变研究［M］．北京：商务印书馆，2015.

吴越．骈体成语：成语中的一支异军［J］．语文学习，1982（11）：51–52.

伍铁平．词义的感染［J］．语文研究，1984（8）：57–58.

香港中国语文学会．近现代汉语新词词源词典［M］．上海：汉语大词典出版社，2001.

向熹. 诗经词典［M］. 修订本. 成都：四川人民出版社，1997.

萧国政. 文化对语法的影响［J］. 黄冈师专学报，1999（2）：56–68.

邢向东. 西北方言与民俗研究论丛［M］. 北京：中国社会科学出版社，2004.

徐烈炯. 语义学［M］. 北京：语文出版社，1990.

徐天兴. 义素分析法与古汉语词汇研究［J］. 河南科技学院学报，2013（1）：87–89.

徐通锵. 语言论：语义型语言的结构原理和研究方法［M］. 长春：东北师范大学出版社，1997.

徐友渔，周国平，陈嘉映，等. 语言与哲学：当代英美与德法传统比较研究［M］. 北京：生活·读书·新知三联书店，1996.

许威汉. 汉语词汇学导论［M］. 修订版. 北京：北京大学出版社，2008.

严辰松. 论“字”对汉语词汇和语法的影响［J］. 现代外语，2002（3）：231–240.

叶蜚声，徐通锵. 语言学纲要［M］. 修订版. 北京：北京大学出版社，2010.

叶绚，曹日昌，陈光山，叶顺和. 材料数量与呈现速度对视、听同时瞬时记忆的影响［J］. 心理学报，1980（3）：311–322.

于根元. 中国网络语言词典［M］. 北京：中国经济出版社，2001.

詹伯慧. 试论方言与共同语的关系［J］. 语文建设，1997（4）：31–34.

詹人凤. 现代汉语语义学［M］. 北京：商务印书馆，1997.

张博. 组合同化：词义衍生的一种途径［J］. 中国语文，1999（2）：129–137.

张博. 张博词汇学论文集［M］. 北京：北京语言大学出版社，2012.

张鲁元. 中华古谚语大辞典［M］. 上海：上海大学出版社，2011.

张凯. 汉语构词基本字的统计分析［J］. 语言教学与研究，1997（1）：

42–52.

张联荣. 词义引申中的遗传义素［J］. 北京大学学报（哲学社会科学版），1992（04）：82–90.

张万起. 世说新语词典［M］. 北京：商务印书馆，1993.

张永言. 词汇学简论［M］. 武汉：华中工学院出版社，1982.

张志公. 汉语语法常识［M］. 北京：中国青年出版社，1953.

张志毅，张庆云. 词汇语义学［M］. 3 版. 北京：商务印书馆，2012.

郑奠. 现代汉语词汇规范问题［C］// 现代汉语规范问题学术会议秘书处. 现代汉语规范问题学术会议文件汇编，北京：科学出版社，1956.

郑振铎. 中国俗文学史［M］. 北京：商务印书馆，2010.

中国社会科学院语言研究所. 现代汉语词典［M］. 2 版. 北京：商务印书馆，1983.

中国社会科学院语言研究所. 现代汉语词典［M］. 修订本. 北京：商务印书馆，1996.

中国社会科学院语言研究所. 现代汉语词典［M］. 7 版. 北京：商务印书馆，2016.

周荐. 并列结构内词语的顺序问题［J］. 天津师范大学学报，1986（5）：87–91.

周荐. 汉语词汇研究史纲［M］. 北京：语文出版社，1995.

周荐. 比喻词语和词语的比喻义［J］. 语言教学与研究，1993（4）：145–155.

周荐. 惯用语新论［J］. 语言教学与研究，1998（1）：128–139.

周荐. 词汇学词典学研究［M］. 北京：商务印书馆，2004.

周荐. 兼类词词性与多义词义项关系试说:《现汉》第 5 版“V + N”式双字词词性标注问题解读［J］. 辞书研究，2007（3）：37–46.

周荐. 汉语词汇结构论［M］. 增订版. 北京：人民教育出版社，2014.

周荐. 词汇论［M］. 北京：商务印书馆，2016.

周荐. 现代汉语词汇学教程［M］. 北京：北京大学出版社，2016.

周荐. 王云五评传：多重历史镜像中的文化人［M］. 上海：上海辞书出版社，2019a.

周荐. 辉煌一甲子，勇攀新高峰：写在《现代汉语词典》问世六十周年前夕［J］. 中国语文，2019b（5）：624–631.

周荐. 明恩溥《汉语谚语熟语集》的语料价值和熟语理念［J］. 古汉语研究，2020（1）：112–119。

周荐. "成语"术语化进程刍议［J］. 语文研究，2022（4）：9–14.

周荐，王铭宇. 尊卑观念、敬谦态度与词语状貌、词汇变迁［J］. 当代修辞学，2022（3）.

周绍珩. 欧美语义学的某些理论与研究方法［J］. 语言学动态，1978（4）：11–20.

周祖谟. 汉语词汇讲话［M］. 北京：人民教育出版社，1959.

朱德熙. 语法讲义［M］. 北京：商务印书馆，1982.

朱德熙. 自指和转指：汉语名词化标记"的、者、所、之"的语法功能和语义功能［J］. 方言，1983（1）：16–31.

朱庆之. 佛典与中古汉语词汇研究［M］. 台北：文津出版社，1992.